经济管理学术文库 • 经济类

我国金融集聚的经济增长效应研究

——基于地级层面的空间效应分析

An Empirical Study on the Economic Growth Effect of Financial Agglomeration

—Spatial Effect Analysis Based on Prefecture—level

李思霖／著

经济管理出版社
ECONOMY & MANAGEMENT PUBLISHING HOUSE

图书在版编目（CIP）数据

我国金融集聚的经济增长效应研究：基于地级层面的空间效应分析/李思霖著．—北京：经济管理出版社，2021.4
ISBN 978 - 7 - 5096 - 7919 - 7

Ⅰ.①我… Ⅱ.①李… Ⅲ.①金融业—经济增长—研究—中国 Ⅳ.①F832

中国版本图书馆 CIP 数据核字（2021）第 068162 号

组稿编辑：张巧梅
责任编辑：张巧梅
责任印制：黄章平
责任校对：王淑卿

出版发行：经济管理出版社
（北京市海淀区北蜂窝 8 号中雅大厦 A 座 11 层　100038）
网　　址：www. E - mp. com. cn
电　　话：（010）51915602
印　　刷：唐山昊达印刷有限公司
经　　销：新华书店
开　　本：720mm × 1000mm/16
印　　张：12
字　　数：170 千字
版　　次：2021 年 4 月第 1 版　　2021 年 4 月第 1 次印刷
书　　号：ISBN 978 - 7 - 5096 - 7919 - 7
定　　价：88.00 元

前　言

金融业是现代经济的核心和经济运行的血脉，改革开放40多年以来，我国经济保持了较高的增长态势，经济实力逐步提升。尤其在2008年全球金融危机之后，面对复杂多变的国际环境与国内经济下行的压力，对于金融资源的争夺也是异常激烈。经济发展与金融发展密不可分，无论是从金融资源的配置效率还是从配置方式来看，金融业对一个国家或地区经济发展的推动力都是不容忽视的。随着全球经济一体化和国际金融资源在区域间流动加速，尤其是在中国市场经济转型下的关键时期，金融业的空间分布对经济增长中的重要性日益凸显，金融活动的集聚正体现了金融业发展的空间维度。毋庸置疑，金融要素、金融机构及金融活动的集聚过程是推动区域经济增长的重要力量。

本书通过对相关研究文献的梳理、归纳与总结，以集聚理论、经济增长理论和空间经济理论为基础，分析了金融集聚的经济增长效应机理，构建了金融集聚的经济增长效应的理论分析框架。利用全国285个地级及以上城市2005～2014年的面板数据，对地级城市金融集聚与经济增长的空间相关性进行了检验，并在此基础上，采用空间面板计量技术对空间效应进行划分，分别从金融集聚的空间异质性和空间依赖性两个视角展开了实证分析。在上述研究基础上对地级城市金融集聚的经济增长空间溢出效应进行了测算，发现空间溢出效应的大小与地理距离变化有关系，大体呈现倒“U”型趋势。

经过研究，本书的主要创新之处在于：

第一，诠释了金融集聚的演化过程与空间格局，并将金融部门引入局部溢出模型，由此刻画了金融集聚经济增长效应机理，并最终完成金融集聚经济增长效应的机理梳理。研究发现：金融资源在不断地向发达地区集中，而城市的金融集聚程度不断强化，并呈现出典型的空间分布格局。金融集聚度越强，经济溢出效应越显著。在金融机构、金融资源集聚的过程中，会引致大量其他要素资源的聚集，从而加速金融集聚。因此，在金融集聚形成的过程中产生的规模经济、构建的金融网络体系以及派生出的金融创新活动并不是单独起作用的，它们之间彼此会相互影响、相互作用从而形成合力，并通过“自我强化”提升经济增长水平，对经济增长产生溢出效应。

第二，揭示了地级城市金融集聚的经济增长效应存在的区域差异，并对其进行了检验。总体来看，空间单位越小，空间关联越大，越不容易忽视空间内部的差异。通过对全国 285 个地级城市进行研究分析，发现金融资源正加速向中心城市或沿海城市集聚，金融集聚在地级城市发展的不均衡性十分显著。同时，金融集聚的经济增长效应的空间异质性不仅仅是量上的差异，更多地体现在作用效果的差异上。纳入空间距离分析之后，这种差异表现尤为明显，通过构建普通静态面板空间模型，进行空间与时间双固定效应估计。研究结果表明：从城市总体视角来看，金融集聚的经济增长效应为负，而对 285 个城市样本进行区域划分后的结果不同，东部城市的金融聚集度对经济增长有显著的正向促进作用，而中部和西部城市的结果却为负向的抑制作用，因此说明金融集聚的经济增长效应的作用效果与区域差异有一定的关联性。

第三，明确了地级城市金融集聚的经济增长效应的空间依赖性，通过将金融集聚的空间效应进行分解，进而测算出直接效应和空间溢出效应。基于地级层面的分析发现，金融集聚的经济增长效应更多地体现在直接效应上，同时也存在显著为正的空间溢出效应。此外研究还发现，地级城市的金融集聚空间溢出效应与城市地理距离有关系。

目　录

1　绪论

1.1　研究背景与意义

1.1.1　研究背景

金融业是现代经济的核心和经济运行的血脉，自改革开放 40 多年以来，中国经济持续高速增长离不开金融的支撑，然而随着现代信息技术和产业集聚的快速发展，金融资源、金融活动和金融机构逐步形成了集聚的态势，并且在区域内及区域间形成了明显的集聚效应，成为经济成长的助推器。中国现阶段面临的巨大挑战是中国经济能否持续增长，这也是学者们和政策管理者所关注的关键问题。在经济市场化、金融全球化及信息技术的推动下，新一轮金融活动和金融资源在全世界范围内重新配置。作为最具活力和最大的发展中国家，金融业发展布局成为国家战略实施重要内容之一。

大量国际经验证明，世界经济发展过程中的典型现象之一是经济活动的集聚。世界范围内已经形成了许多国际金融集聚区，金融集聚现象已不容忽视。

自2008年金融危机席卷全球，面对复杂多变的国际环境与国内经济下行的压力，各个地区对金融资源的争夺也异常激烈，我国在金融领域的改革力度更是不断加大，金融业必将扮演更重要的角色。

在我国经济发展过程中，金融业作为经济重要组成部分一直以来都十分受重视。“金融很重要，金融是现代经济的核心。金融搞好了，一着棋活，全盘皆活。”国家将金融业作为经济增长的第一推动力，针对第三产业提出了经济结构调整的发展思路。1992年10月，党的十四大把建设上海国际金融中心正式确立为国家战略，则标志着金融业进入了一个里程碑式的全新发展时期。也是当前在世界经济一体化、金融全球化的趋势下，基于国家的战略意义做出的重大决策。报告中明确提出，“尽快把上海建设成为国际经济、金融、贸易中心之一，带动长江三角洲和整个长江流域地区经济的新飞跃”。为应对国际金融危机的冲击，2008年《国务院办公厅关于当前金融促进经济发展的若干意见》中提出要加大金融支持力度，促进经济平稳较快发展。随着金融集聚作用的凸显，国务院于2009年4月29日首次以国家文件形式发布《关于推进上海加快发展现代服务业和先进制造业，建设国际金融中心和国际航运中心的意见》，再一次提出了金融集聚式发展的思路和方向。近年来，一些新涌现出的经济区域，为地区金融集聚带来了机遇，同时政府也出台了相应的意见作为金融改革的实验区。2006年5月26日，国务院发布了《关于推进天津滨海新区开发开放有关问题的意见》，将天津滨海新区作为环渤海经济区金融改革试点之一，极大地促进了天津滨海新区金融业的发展。成都作为西部重镇，一直以来将成为西部地区金融中心为目标，成都市政府在2010年7月制定了《成都市金融产业发展规划（2010~2012年）》，规划中明确指出了金融业成为成都市重要的支柱产业，通过金融集聚成为提升西部经济竞争力的中坚力量。

从我国金融集聚发展的现实情况来看，金融集聚作为产业空间演化的结果，金融中心作为金融集聚的结果，不仅可以提升经济整体的竞争能力，同时还可以为经济发展贡献力量。在众多的金融中心城市中，中国香港既是一个高度发达的金融中心，又是通向中国的门户，作为亚洲排名最靠前的金融城市，地位仅次于英国的伦敦和美国的纽约。而北京、上海这种特大型的城市吸引着全国的物质资源、人力资源及金融资源。我们不能忽视的一个现象是我国2/3以上的金融资产、金融机构都集中于此。上海与北京保持着绝对领先的地位，优势越发明显。虽然深圳金融几乎从“零”起步，然而它依托政府对其特有的经济政策及地理位置的优势，已然成为珠三角地区金融集聚的落脚点。各地区经济的差异也由于金融集聚程度的差异而出现不同，并形成了典型的块状“马赛克现象”。

这些经验事实表明，在经济全球化和经济一体化的进程中，金融集聚的自我增强机制可以提升区域经济的竞争力，金融集聚的效应对区域经济增长产生深远的影响。相对于制造业集聚而言，金融集聚的带动作用更为明显（张浩然，2015）。

目前，金融发展是“十三五”初期大力发展的目标，以长三角、珠三角和京津唐地区为首的东部地区聚集了中国大量金融要素，成为最具有经济活力的经济增长极，虽然中西部地区由于自身的区位劣势表现为低增长状态，但是许多城市的金融集聚现象也开始凸显。毋庸置疑，金融要素、金融机构及金融活动的集聚过程是推动区域经济增长的重要力量。

总而言之，金融集聚不仅有利于所在地区的经济发展，同时会通过金融资源、金融活动的集聚对周边地区经济发展产生影响。在中国区域增长研究中对金融集聚因素的解读必不可少，因此寻求强调金融集聚的增长效应这一问题成为本书研究的主旨所在。

1.1.2 研究意义

自20世纪七八十年代集聚理论初步形成后，集聚理论得到了国内外学者广泛和深刻的关注。以马歇尔为代表的新古典经济学、以克鲁格曼为代表的新经济地理学、以奥塔维亚诺为代表的新经济地理学等都开始关注集聚现象。新经济增长理论也通过将集聚因素引入经济增长模型中，使集聚要素成为经济增长研究中的重要因素之一。但关于集聚的产业更多是集中于制造业，有关服务业，特别是金融业的研究较少。Krugman（1991）认为地方化现象最为突出的实际是服务业而非制造业，最易集聚的是金融业而非制造业。随着服务业经济的发展，国民经济中金融业的地位越发重要，经济金融化成为现代经济的显著特征之一，学术界的研究也开始集中于金融集聚相关领域。但是在以往研究中，关于金融业空间演化布局及金融主体在地理上集聚的过程，往往忽视了地理因素、空间因素对金融业成长的重要性，研究视角比较单一。国内研究学者在区域金融主体上的划分也是主要基于省级行政单位或者是“东、中、西”部传统区域进行划分，更为细致和更为微观的主体研究不够充分。本书则借助地理统计学、空间计量学等前沿技术手段，对我国金融活动集聚的增长效应进行分析的同时，深入微观的地级市层面，使分析视角更全面，具有较强的理论意义与现实意义。

从理论上看，第一，不管是金融集聚还是经济增长都是现阶段两大热点问题，金融集聚的经济增长效应研究是新经济地理学和经济增长理论的研究成果的深入，将集聚理论与金融业相结合，为金融集聚的推动和引导提供理论依据。以往研究多以制造业集聚为研究对象，对金融集聚的研究仍然有不足之处。为了成为一个有竞争力的现代化经济大国，我国金融业必须抓住机遇，在金融发展的过程中和在国际资源重新配置的机遇中，谋得世界金融经济中的一席之地。只有这样才可以通过吸引、集聚国际金融资源，不断提升金融业的整体实力和自身的经济实力与国际竞争力来获得全球经济发展的利益，在国际竞争中立于不败之地。

第二，通过将经济学的前沿理论与方法运用到金融集聚经济增长效应的分析中，对金融集聚的研究视角和范围进行了扩展和补充。鉴于中国经济面临转折的重要阶段，金融业发展对经济的重要性，通过对金融活动与金融资源的空间分布入手，利用具有规范化、系统化的空间经济学分析方法，对国内区域金融资源空间分布与地域运动等进行分析，有利于弥补当前关于揭示金融运动与地域空间关系研究的不足。

在经济全球化的趋势和主流经济学理论的影响下，力求更为系统和全面地从金融集聚角度理解我国金融业发展状况及其背后所存在的影响机制存在着一定的理论意义。

实践上看，金融发展对于国民经济的发展具有重大的推动力和渗透力，区域经济与金融发展有着密切的联系。随着金融业更趋向集中于某一城市或区域现象的出现，经济地理学、区位经济学开始做了较深入的分析，金融业在发展的同时成为现代经济的重要方面，但是有关金融集聚经济增长效应的机理分析尚显不足。因此，本书采用了现阶段较为流行的空间计量经济方法，并进行有意义的尝试，对丰富金融集聚相关研究的多样性具有现实意义。

第一，有助于对我国金融业的空间演化过程形成全面客观的认识。随着我国金融业发展对国民经济的影响作用不断提升，金融资源空间分布和地域运动现象也已成为学术界关注的重点。金融集聚的前提是金融资源可以合理充分地流动，金融资源在经济发展的过程中不断地集中到某一个地区或某一个产业，在促进自身发展的同时，支撑相关产业的发展并促进地区经济增长。因此，本书从微观尺度和空间视角深入研究金融集聚的经济增长效应，以期客观评价和科学分析我国金融集聚空间布局及演化规律，可以为我国经济持续发展和经济发展方式转变提供金融业层面的经验支撑。

第二，通过从区域和行业层面深入解析金融业发展的空间布局及空间演化过程，发现由于受到经济基础、资源禀赋与经济制度等客观条件的限制，不同层级区域存在着金融集聚的空间差异性和多样性，但优先发展重要城市等政策安排导致的非均衡格局难以在短期内打破。如果金融业在金融资源的流动过程中能够发挥出强大的作用力、渗透力和市场调控作用，那么必定有助于金融集聚协调区域经济利益和缩小区域经济差距，为实现金融业的均衡协调性发展提供科学参考。

第三，有助于为地方政府提供决策支持。鉴于研究视角从地级城市出发，通过对城市金融集聚影响经济增长进行综合全面的评价，为地方政府对金融资源的配置提供政策指导。在经济、金融全球化的趋势下，金融集聚发展的内在增长引擎源于现代服务业的发育和成长，同时需要有效的空间载体、政策平台及专业人才的带动。与区域经济增长的良性互动有助于产业结构调整和优化升级的步伐，提高整体国民经济效益和发展质量。在一定程度上降低了政府决策和支持的盲目性，具有一定的政策借鉴意义。

有鉴于此，本书以金融集聚为切入点，进而展开其经济增长效应的研究。大部分学者的研究较少涉及城市层面空间因素的分析，主要是因为我国城市金融集聚程度和层次较低，金融中心虽有凸显，但是金融资源的整合能力低，与国际金融中心的距离还十分遥远。基于此，本书则更多关注金融集聚在城市经济增长过程中发挥的作用及空间效应，对现阶段我国区域经济发展提供有益的经验借鉴具有重要的现实意义。

1.2 研究思路与内容

金融集聚的增长效应是本书的研究主题，城市空间尺度的增长效应检验和识别是本书实现研究的途径。本书的研究是基于理论论证与经验检验相结合的方法进行的。通过对相关文献进行归纳与评述，探讨金融集聚经济增长效应机理，并基于城市层面验证金融集聚的经济增长的空间异质性和空间依赖性。

在内容安排上，本书主要内容分为七章，安排如下：

第 1 章为绪论。本章基于本书选题背景和研究意义进行详细的阐述，概括和总结中国区域经济增长与金融发展的关联性。并在此基础上指出金融集聚是中国增长奇迹的关键切入点，以金融集聚为本书主要研究对象，并予以界定。

初步设定了研究方法和研究思路，阐明本书的主要研究内容、逻辑框架，最后归纳出本书的创新之处。

第 2 章为文献综述。本书研究主要涉及经济学、地理学及空间经济学等诸多前沿学科，主要支撑理论包括集聚理论和经济增长理论，并对相关理论进行阐述。通过对国内外学者关于集聚理论和金融集聚的研究进展进行较为详细的归纳与梳理，对已有研究成果进行总结与评述，为后续的分析提供良好的理论基础，为本书进一步研究寻找创新点。

第 3 章为金融集聚的经济增长效应的机理分析。主要工作是以新经济地理理论和新经济增长理论为基础，构建全书分析的理论分析框架，基于理论模型来刻画金融集聚的经济增长效应机理，并最终完成对金融集聚经济增长效应机理的梳理，为后续实证分析提供理论支撑。

第 4 章为金融集聚的经济增长效应的空间分析。首先，对金融集聚的空间演化过程进行分析，主要是向发达地区和中心城市集聚。其次，我国金融集聚虽处于低水平发展状态，但集聚趋势越来越明显，部分省区和城市已经有很好的前景。为了能更进一步了解我国各地区的金融集聚发展状况，并运用区位熵指数分别测算与分析我国 30 个省及 285 个地级市金融集聚程度，对金融集聚的空间分布格局进行可视化的展示，判定中国地级城市金融集聚的特征及空间分布状况。最后，以我国 285 个城市为样本，对 2005 ~ 2014 年各城市基于 2000 年可比价格计算的实际人均 GDP 及金融集聚两个变量进行全局和局部聚类检验，明确说明两者存在空间相关性，对后续的实证分析提供现实依据和直观认识。

第 5 章为金融集聚的经济增长效应的空间异质性分析：区域差异。该部分是本书实证分析的第一部分，首先，基于新古典经济增长模型将金融集聚纳入模型分析框架中，以地级城市作为样本，分别对静态面板的基准模型、空间固定效应模型、时期固定效应模型和双固定效应模型进行了估计。其次，将空间因素同时纳入所分析的问题模型中，选择不同的空间权重矩阵，对金融集聚的经济增长效应所表现出的区域异质性进行了探析。

第6章为金融集聚的经济增长效应的空间依赖性分析：溢出效应。这是本书实证分析的第二部分，是对金融集聚经济增长效应的进一步挖掘和补充。在分析中，利用2005～2014年全国285个地级城市的面板数据，选取了具有良好特性的空间杜宾模型，将金融集聚的空间溢出效应进行分解。并对分解出的直接和间接效应进行测算，同时选取不同空间权重矩阵将金融集聚对经济增长的空间溢出效应进行比较分析。最后发现金融集聚经济增长的空间溢出效应与城市间的地理距离有关系。

第7章为结论与展望。本章根据全书的研究成果进行了归纳性总结，主要内容包括以下三部分：首先，对本书研究所得出的结论进行总结；其次，针对本书的研究成果提出相应的对策建议；最后，针对本书研究的不足和局限之处，对后续的研究工作进行展望。

本书的研究思路如图1－1所示。

1.3 研究方法

本书的理论基础包括集聚经济理论、经济增长理论和空间经济理论。可以更细分为区位理论、集聚理论、金融地理理论及经济增长理论的相关研究成果。在研究方法上主要采用以下方法：

一是文献分析方法。文献分析法是研究的基础，首先对本书研究相关的理论进行阐述和归纳，并对已有研究成果的贡献和不足之处进行归纳、总结和综合，有助于对相关研究领域的学术动态进行较为全面的认知和把握，为本书的研究寻找拓展点和创新点，进而构建本书的理论分析框架与理论基础。

二是理论分析法。本书力图在理论分析的基础上具备现实的指导意义。现阶段有关金融集聚的理论分析并不成熟，金融集聚的研究始于区位理论，将金融资源结合地理因素，使其与金融地理学理论相关，但是并未形成相对完善的理论分析框架。因而在研究过程中只能通过对相关理论采用借鉴的手段进行引申，对本书的研究有很大的必要性。同时，为了研究金融集聚的经济增长效应，本书在研究过程中借鉴了较为成熟的经济增长理论，试图使研究具有完备的理论基础。

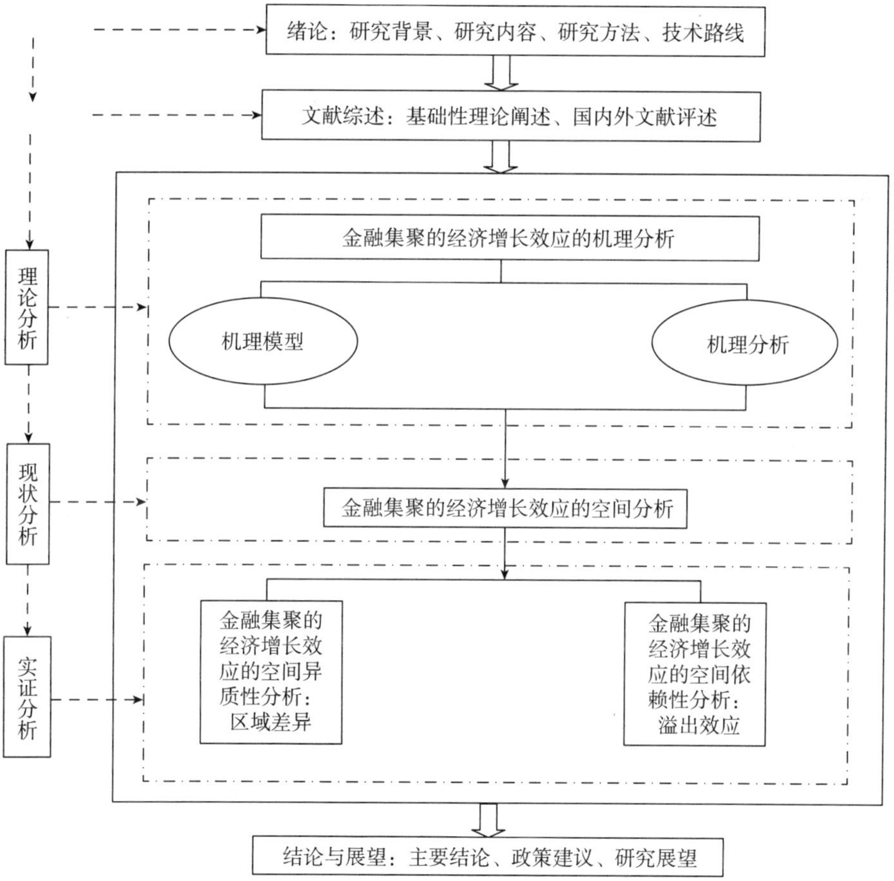

图 1-1　本书的研究思路

三是比较分析方法，研究采用了大量横向与纵向的比较。在对金融集聚演化过程与空间格局进行描述时，进行了较为详细的比较分析，从而更为全面地展示了我国金融集聚空间分布的差异。金融集聚的形成与变动规律有很大的差异，应用横向与纵向相结合的分析方法，能够增强模型对现实分析结果的可比性。另外，在进行实证分析的过程中，基于对不同空间权重的选择，对金融集聚经济的增长效应进行比较分析。

四是实证分析方法，实证分析解决“是什么”的问题，本书以金融集聚的经济增长效应为研究对象，利用全国285个地级城市2005～2014年的数据，借助统计学与空间计量经济学的相关软件，采用空间面板数据模型进行实证研究，并基于空间杜宾模型检验城市金融集聚的经济增长效应的空间异质性和空间溢出性。

1.4 主要创新

本书主要考察金融集聚经济增长效应的问题。本书的主要贡献在于在经济增长理论研究领域加入了金融集聚要素，并以增长解析和地级城市空间尺度为切入点，进一步识别与解释金融集聚经济增长效应的空间异质性和空间依赖性。与以往研究相比，本书的创新点主要有以下三点：

第一，诠释了金融集聚的演化过程与空间格局，并将金融部门引入局部溢出模型，由此刻画了金融集聚经济增长效应机理，并最终完成金融集聚经济增长效应的机理梳理。研究发现：金融资源在不断向发达地区集中，而城市的金融集聚程度不断强化，并呈现出典型的空间分布格局。金融集聚度越强，其经济溢出效应越显著。在金融机构、金融资源集聚的过程中，会引致大量其他要素资源的聚集，从而加速金融集聚。因此，在金融集聚形成的过程中产生的规模经济、构建的金融网络体系以及派生出的金融创新活动并不是单独起作用的，他们之间彼此会相互影响、相互作用从而形成合力，并通过“自我强化”

提升经济增长水平，对经济增长产生溢出效应。

第二，揭示了地级城市金融集聚的经济增长效应存在的区域差异，并对其进行了检验。总体来看，空间单位越小，空间关联越大，越不容易忽视空间内部的差异。通过对全国285个地级城市进行研究分析，发现金融资源正加速向中心城市或沿海城市集聚，金融集聚在地级城市发展的不均衡性十分显著。同时，金融集聚的经济增长效应的空间异质性不仅是量上的差异，更多地体现在作用效果的差异。纳入空间距离分析之后，这种差异表现尤为明显，通过构建普通静态面板空间模型，并进行空间与时间双固定效应估计。研究结果表明：从城市总体视角来看，金融集聚的经济增长效应为负，而对285个城市样本进行区域划分后的结果不同，东部城市的金融聚集度对经济增长有显著的正向促进作用，而中部和西部城市的结果为负向的抑制作用，因此说明金融集聚的经济增长效应的作用效果与区域差异有一定的关联性。

第三，明确了地级城市金融集聚的经济增长效应的空间依赖性，通过将金融集聚的空间效应进行分解，进而测算出直接效应和空间溢出效应。基于地级层面分析发现，金融集聚的经济增长效应更多地体现在直接效应上，同时也存在显著为正的空间溢出效应。此外研究还发现，地级城市的金融集聚空间溢出效应与城市地理距离有关系。为了进一步考察金融集聚的经济增长效应是否随地理距离的变化而发生变化，并且能够在多大范围内有影响，选择地理距离中的负指数衰减形式的空间权重矩阵，每隔20千米进行一次估计，得到不同距离阈值下的空间溢出效应。研究表明：在100千米左右的距离范围内，地级城市金融集聚对经济增长的空间溢出效应显著为负，可能因为过短的距离加剧了城市间的竞争，不利于金融集聚的空间溢出效应。随着城市间距离增加，金融集聚的空间溢出效应更显著，进而说明地理距离对金融产业空间布局的重要性。

2 文献综述

集聚理论的研究大致遵循古典区位理论到新经济地理理论的框架进行演进。国内外学者围绕集聚的研究成果丰富，并主要集中在集聚与经济增长之间关系的考察上。从现有研究来看，通过对既往的研究成果进行归纳与梳理有助于本书的研究寻找合适的研究视角。因此，本书从金融集聚为切入点阐述其带来的经济增长效应。通过梳理文献对集聚理论、集聚与经济增长关系及金融集聚相关研究成果的文献进行整理，以明确现有文献的不足，并为后续研究提供理论支撑和创新依据。

2.1 集聚理论研究

集聚（Agglomeration）就是经济活动的集群（Cluster）过程。集聚问题的研究起步于20世纪初，主要涉及区位理论、集聚理论及空间经济理论等多学科。不同学派从不同角度对集聚现象进行了研究，归纳起来大概分为两个阶段。第一阶段是20世纪90年代前，主要以古典区位理论和新古典经济学理论为基础理论，这一时期有关集聚经济的研究并非为主流经济学；第二阶段是

20 世纪 90 年代后，集聚经济逐步被纳入到主流经济学的研究范畴，新经济地理学和空间经济理论成为集聚理论发展的新趋势。

关于集聚理论，最初主要源于区位理论，区位理论在最初阶段更多的是研究人类活动的空间选择，随着研究的推进，经济活动的区位开始得到关注。因此，讨论经济活动的区位理论成为经济区位理论的重要内容之一。

古典区位理论源于德国农业经济学家约翰·冯·杜能的开创性研究，其最早把空间因素引入到经济学加以研究，系统地阐述了农业区位理论的思想。代表作《孤立国同农业和国民经济之关系》一书于 1826 年出版，首次从区位因素的角度论述了德国农业生产模式和产业化问题，奠定了农业区位理论的基础。所谓“孤立化”即排除其他要素的干扰，只讨论一个要素（距离市场距离）的作用，考察农业生产方式的配置与城市距离的关系。杜能认为区位选择的最主要原因是空间距离带来的运输成本的差异，在生产过程中，运输成本最小的区位应该被考虑在整个生产布局中。而农业区位理论要解决的问题是如何通过农业布局来节约运费，最大限度地增加地租。首次在农业生产布局中带入了空间因素，并认为空间分布对农业生产过程有很大的影响，而且地租水平的空间差异性可以决定农产品的选择及农产品的空间布局。另外，不宜运输或产值高的农产品适宜距离中心城市近，而距离相对远的地区适宜选择运输和土地密集型农产品。但是，杜能的农业区位理论无法解释经济中产业布局的内生机制问题，因为其忽略了空间禀赋异质性的假设。

韦伯作为近代工业区位理论的奠基人，于 1909 年出版的《工业区位论：区位的纯粹理论》一书中提出了工业区位论，利用工业企业区位模型对工业企业在一定区位集聚的问题进行了深入研究。韦伯从微观企业选址问题出发，将产业集聚的原因归结为区位因子的决定，取决于工业区位的最小成本，即生产费用最小的区位，也是其区位设定的最佳位置。韦伯将区位因子主要分成运输成本、劳动力成本及集聚和扩散因素。在这个过程中会权衡考虑不同的区位因子，经过分析、筛选，韦伯确定运费、劳动力费用和集聚因子为三大主导因子，而后分三个阶段构建其区位理论。

商业区位理论是指由德国城市地理学家克里斯塔（Christaller）1933 年提出的“中心地理论”和德国经济学家廖什 1939 年提出的“市场区位理论”。他们主要研究服务业区位选择理论和城市群理论。基于杜能和克里塔勒的研究，廖什建立了“市场区位理论”，提出了经济区的概念。集聚力与分散力是经济区形成的基本作用机制，在市场形成的过程中，有些经济力如专业化分工和规模经济的作用会让经济趋于集中，而多样化则会带来分散的作用。因此，廖什的理论为产业集聚与城市群建设提供了理论依据。区位理论在发展演变过程中，从农业区位发展到工业区位，再到市场区位，最后到现代服务业，虽然服务业区位的理论并不完善，但现阶段对服务业集聚，尤其是对金融集聚还是有极强的解释力。

金融集聚地往往是在具备完善的基础设施和资源禀赋条件好的区域。因此，金融集聚必须考虑区位条件，区位条件可以概括为相关的经济地理条件、地理位置与资源禀赋等，简单地归结为自然区位、经济区位、行政区位等。自然区位主要是指金融集聚区（中心）的地理位置。尤其对资金需求大的地区更为关键，不具备地理优势，金融集聚会有较高的运行成本和低效率。经济区位是指在经济发展的过程中，由于地域上的差异，所带来的经济发展也有差异。很明显，经济发达的地区或城市对金融资源的吸引力更强，不论是金融企业、金融机构还是金融资源都更愿意在该地区形成集聚。由于金融集聚的不断形成，又会加速相关要素的集聚，包括人力资本、物质资本等，为该地区经济发展提供条件。行政区位是指某一地区具有政治上的战略地位，除了具备政治优势以外，所处位置具有完备的基础设施进行保障，同时政府的政策导向也会倾向于这些地区。宽松的政策环境、有效的监管体制及健全的法律制度都是至关重要的，可以保证金融资源的集聚。因此，区位条件是金融集聚形成的基本条件，在各种区位条件的影响下，金融聚集不但容易形成良好的金融氛围，而且能够放大金融集聚带来的效应。基于对不同区位理论的阐述，在金融集聚形成的过程中，区位条件有助于金融规模扩大，加之良好运行的经济体系，最终影响到区域经济的发展。

随着区位理论的不断发展，集聚理论的外部性引起了广泛的关注。阿尔弗雷德·马歇尔（Alfred Marshall）是集聚理论的主要代表人物，他是较早研究集聚外部性理论的学者，也是最早关注产业集聚的经济学家。他在《经济学原理》（1890）一书中阐述了产业集聚的外部性理论，并对金融外部性（Pecuniary Externality）的概念进行较为详细的阐述，对集聚理论和外部经济理论的形成有极大的贡献。虽然并未对集聚的形成原因做出详细分析，但他的研究为后续的理论发展和集聚现象的解释奠定了一定的基础。

马歇尔将规模经济带来的效应分为内部经济与外部经济，并着重讨论了外部经济在集聚中的作用。依据其外部性理论，劳动力市场共享、中间产品市场和知识技术的溢出三方面是集聚形成的向心力，并具有正的外部性，从而产生规模经济。如果大量企业集中于具有正外部性的区域，便可以降低各种成本，增加收益，例如劳动力成本、信息成本、交易成本及创新成本等。但是，他的理论的局限性并未考虑动态因素的变化，也忽视了产业组织的外部联系与创新。

迈克尔·波特就集群的概念曾做出了权威解释，并从企业竞争力角度阐明产业集聚的动力是提高竞争优势。其钻石模型对产业集聚理论发展有重要推动作用，从要素分解的视角探讨了产业竞争力的来源和影响机制，将影响产业竞争力的因素划分为生产要素、需求条件、相关产业状况、政府行为、机会等方面。对以上要素的综合度量反映了产业获得资源和利用资源的能力，从而决定了该产业是否具有足够的吸引力引致产业集聚。这些因素中只有政府和市场是变量，即从理论上证明，只要通过政府引导和培育市场，就可以构建一个拥有竞争优势的产业集群，进而实现优势产业集聚。地理的集中使四个基本要素紧密结合成一个整体，从而形成产业区域、国家竞争优势。波特的研究主要是企业集群与竞争力的关系，并揭示出企业集群的重要性。但未解释集聚是如何形成的，但对产业集群形成之后的经济效应进行了分析。因此，他的理论也是集聚理论的后续扩展研究。

产业集聚理论是指要素通过自由流动形成集聚，实现规模报酬递增。在现阶段，随着集聚理论研究的逐步深入，产业集聚已经成为金融业重要的组织形式，因此在金融集聚方面的解释力逐渐增强。在这几个方面，金融业具有明显的优势。金融集聚区的自我强化集聚能力吸引了大量相关的金融资源，而对于现代金融集聚区来说，可以共享公共物品。例如基础设施、交通通信等，从而节约了成本，有利于形成规模经济效应。同时，随着金融集聚的发展，金融机构吸引大量高端的具备知识技能的劳动者，形成地方劳动市场的规模效应，便于知识技术的传播与溢出效应的实现，实现人力资本的优化配置。另外，我们所提到金融集聚的外部效应所指的是正外部效应，从政府行为的角度而言，政府会出台政策构造金融商务区、金融街、金融中心等，从而该地区获得了外部的政策红利，即通过非经济因素所带来的外部收益。因此，金融集聚一旦形成，就会对地区经济提供有力的支撑，带动区域经济发展的同时，为当地的就业、福利及生活水平提供保障。近年来，中国金融集聚发展迅速，特别是在东南沿海地区，这些地区凭借自身区位优势和政府优惠政策，对地区经济发展提供了强有力的保障。因此，产业集聚理论的演化过程对我国金融集聚理论和实践有一定的指导意义。

随着理论的推进，对集聚的解释扩展到空间经济学，空间经济学是以空间因素作为出发点，并在稀缺资源的基础上探讨资源在空间上的配置的问题，同时以研究经济活动的空间差异为研究对象。空间经济学主要包括两个方面：一是从微观层次探讨某个具体的经济活动在地理空间的区位选择问题；二是在宏观层面解释经济活动空间集中现象和规律。由于空间因素的多样性，很长时间空间经济学并未纳入主流经济学之中。

空间经济学对集聚的解释从新地理经济学开始，那么空间经济学理论就是围绕集聚问题进行研究的，并将集聚作为其最核心的概念。集聚可以看成是经济活动的集群过程，运用经济学的方法系统论述集聚经济形成的过程，可以为金融集聚理论的形成奠定基础。

随着理论研究的进一步拓展，从动态视角研究经济集聚的演化及规律，新经济地理学理论（New Economic Geography，NEG）为了解释产业空间集聚现象，基于 D－S 垄断竞争模型，借助了萨缪尔森提出的“冰山运输成本”概念，构建了中心—外围模型（Core－Periphery Model）。这一模型主要是从本地市场效应出发，认为经济集聚的主要原因是本地市场效应带来的向心力大于离心力。随着交易成本和运输成本的降低，产业空间分布一般会出现从集聚到分散的过程。之后，随着理论的推进，陆续出现了新的理论模型，如自由资本模型、自由企业家模型、资本创造模型、全局溢出与局部溢出模型等（Krugman，1990；Black and Henderson，1999；Martin and Ottaviano，1999；Baldwin and Forslid，2000；Acs and Varga，2002；Fujita and Thisse，2002）。理论研究的不断深入，学者们开始从不同角度分析其他因素与经济集聚之间的动态关系。Fujita 和 Mori（2006）等通过建立一个动态的两区域间的知识创造和溢出模型，把知识学习、创造及其传递、扩散产生的效应称为知识关联效应，共同决定了现实世界中的经济集聚力。此外，Hirose 和 Yamamoto（2007）建立了动态的知识溢出和内生经济增长的模型。Fujita（2005）分析了集聚空间格局的影响因素中最重要的是运输成本，并解释运输成本的影响机制。同时，外部规模经济所带来的集聚效应有利于低运输成本。

集聚理论在制造业应用较为广泛，近年来在服务业得到了很好的推广，尤其是金融业。金融业是市场经济的核心组成部分，了解金融和金融系统在空间和时间上的形式和功能十分关键。而金融业与集聚理论结合成为金融地理学家研究的一个日益重要的领域，并从 20 世纪 80 年代受到关注，金融地理理论是基于空间因素视角下研究金融活动，并将地理位置和空间距离等因素引入到金融学的研究中，为金融体系提供了一个新经济地理学表述，为金融集聚研究提供全新的视角。

20世纪90年代，学者认为随着国际资金的流动，金融资源在空间上具有同质性，会导致地理终结（Brien，1991）。与传统的“地理已死”观点不同的是，金融地理学则强调了以往学者研究金融业时忽略掉的地理区位和空间因素等对金融体系发展的重要性。瑞斯托·劳拉詹南（Leyshon）认为金融地理学是经济地理学衍生出来的学科，在金融领域里结合地理的科学性，将地理和空间因素运用到金融学的研究领域。西方金融地理文献的研究主要还是对地理因素的关注，对金融地理问题的相关内容进行研究，认为经济与地理、空间都是相关的，经济并非独立存在的，例如，区域金融与产业发展、金融空间组织变化及金融系统的空间结构等。

另有学者认为IT技术的发展使得地理因素已经不重要，金融全球化使得经济空间研究失去意义。而Engwall和Lars（2001）等对此提出反驳，强调地理因素始终是金融地理学研究领域中的重要组成部分。Leyshon和Thrift（1997）以及Martin（1998）认为金融集聚程度与货币流动有关系，并对其流动速度进行了深度分析。Gehrig（2000）利用市场摩擦理论证明金融活动在地理上的集聚与信息敏感程度有关。Clark（2000）认为金融机构和金融产品都需要特殊的地理条件。Porteous（1995）、Zhao（2002）认为金融中心发展的先决条件是信息流，并对信息的外部性、信息不对称和路径依赖的解释在金融中心的发展中起关键作用，强调了地理因素对金融的重要性。Portes（2001）等认为信息的不对称导致了资产交易与距离之间的反向关系，并探讨了股权资本跨界流动的决定因素。Clark和Wojcik（2003）以德国为例进行实证分析，认为随着信息技术的发展，金融业的空间分布会发生巨大的变化。投资者更需要接近信息源。Kaufman（2001）则指出，金融中心的兴起与衰败与所在地的商贸往来、交通状况及首都所在地有关系，并对18个国际金融中心的形成进行分析发现，金融中心形成的最重要因素是监管环境、物质和人力资源。

总之，伴随着“互联网+”及信息通信技术的推广与应用，许多学者仍对金融地理学有质疑，认为其对经济活动的影响已经不再重要。但是大多数学者还是认为经济金融全球化、信息化虽然发展迅速，但地理区位对金融集聚的重要性仍然不可忽视。

2.2 集聚视角下经济增长研究

2.2.1 经济增长研究

经济学研究的重要内容之一是经济增长理论，其是关于解释经济增长过程中的规律以及影响和制约经济增长因素的理论。可以简单地概括为一个国家（地区）总产出的持续增长，一般常用 GDP 和人均 GDP 两个指标来测算经济增长。法国经济学家弗郎索瓦·佩鲁提出的增长极理论，是西方区域经济研究的理论基石，Perroux 则认为经济的增长最初都发生在增长极上，通过增长极的作用向外扩散，并对其他经济活动产生扩散效应。通过增长极的作用，使得主导部门快速增长，并带动相关产业。期初，以极化效应为主，发展到一定阶段，集聚效应进行转化，并对整个经济发展产生影响，推动经济由不平衡发展转向平衡发展。

后来，这一理论被 Boudeville（1996）完善，使增长极理论由最初的经济模型演进到包含地理空间概念的地理单元，指出经济增长这一经济表现并不会均衡分布，通常会以增长极的方式向周边区域扩散，从而对整体经济产生极化效应的同时，带来辐射影响。

因此，现阶段国家或地区在区域性开发中更多地依靠增长极理论，通过“最有效地规划配置增长极，并通过其推进工业的机制”开发目标进行战略决策，依靠政府或主导部门在某些地区培育形成具有生产、贸易及辐射能力的经济中心，再由这些增长极带动片区全面发展。之后美国经济学家 Freedman、瑞典经济学家 Myrdal，分别在不同程度上进一步丰富和发展了这一理论，使增长极理论的发展成为了区域发展过程中的主要理论。现阶段，增长极理论在国家或区域开发中应用更为广泛，通过政府主导培育出经济金融中心，进而由这些金融中心，即增长极带动区域经济的发展。

在西方经济增长理论的文献中，经济学家公认的自 20 世纪 50 年代以来最著名的关于经济增长问题研究的成果大部分集中于新古典经济增长理论中。新古典经济增长理论，一般是指由索洛（1956）和斯旺（1956）创立的，并以索洛—斯旺模型为代表。索洛—斯旺模型提供了一个较为完整的经济增长研究理论框架，强调经济增长的驱动力在不同时间、不同地区的巨大差异的根源是劳动的有效性（技术因素）及其差异。索罗模型及其扩展的新古典增长理论是基于哈罗德—多马模型，并放宽了其模型中提出的一系列假设条件，得到了新古典增长模型。模型将要素变量内生于经济增长之中，在内生技术进步的条件下，经济增长收敛于技术进步，技术知识对经济增长发挥作用，并对经济持续性增长做出了解释。该理论后经卡斯（1965）和库普曼斯（1965）引入拉姆齐的跨期最优储蓄理论，不同于索洛—斯旺模型中的储蓄率外生化，将内生化的储蓄率考虑到最优决策行为之中，重新较为系统地阐述经济增长的理论。而戴蒙德（1965）在经济增长方面的研究并没有前人那么深入，基于人口不断更新的条件，探析经济增长的问题。随着新古典增长理论研究的深入，实证研究逐渐成为新古典经济增长理论的主要分析工具。鲍莫尔（1986）基于经济相对发达的工业化国家 100 多年的数据，在索洛模型的基础上，放宽其假设条件，对经济增长的趋同性进行了较为详细的分析。但是，理论中并没有关于经济增长中各要素运行机制方面的分析，也没有经济增长中各要素之间的相互影响方面的分析。

内生经济增长不同于新古典经济增长理论的是对技术内生性的态度。新古典理论强调不完全竞争和收益递增（Kilpatrick，1998；Arrow，1962；Arthur，1994）。而内生增长理论则认为，将要素内生化可以带来经济的长期增长，同时对生产要素进行了细分，并强调了劳动投入中人力资本的作用。人力资本的形成对技术进步有很大的作用，也得到了较多的证明（Schumperter，1934；Schultz，1995）。但是，并没有作为内生因素，而是认为技术进步和人力资本的正外部性是经济持续增长的原动力。内生增长理论是中期西方宏观经济理论分支，认为经济增长取决于经济系统本身，侧重研究经济增长的内生机制，其核心思想是认为产出与资本、劳动、人力资本以及技术进步有极大的相关性，并强调技术进步与制度等因素都是推动经济增长的原动力。其中技术进步是经济增长决定的重要因素，认为技术进步等因素内生化，是地方经济持续增长与区域内持续发展的力量。罗默、卢卡斯及巴罗等都认为经济增长除了传统的影响要素外，还包括一些更为重要的如知识溢出、制度、基础设施和人力资本等要素。

很多著名的内生增长模型从不同侧面对经济增长进行研究（King and Robson，1993；Aghion and Howitt，1992）。Bertola（1993）应用内生增长模型来解释要素的流动促进更大范围内的地理集聚，所有这些模型表明，知识和积累过程会出现外部性或知识外溢效应。

综观现有文献，内生增长理论主要沿着以下三个方面进行研究：一是国别间的研究，寻找内生增长证据（Barro，1995；Boskin，2001）；二是利用时间序列数据研究一国的经济增长因素；三是针对某一个或几个因素探析其对经济增长的影响与作用（Pagano，1993；Engen，1996；Holtz－Eakin，2000；Banerjee，2000；Beaudry，2001）。其填补了西方经济理论中存在的空白，尤其对技术进步和知识溢出等决定性因素进行了详细和全面的分析。

综上所述，经济增长理论的发展过程可以清晰地表明，随着理论模型的推进，运用到经济增长理论模型中的变量越来越多，在要素收益递增规律的假设下，将知识进展、技术进步等变量引入到模型中，极大地提高了对现实经济的解释力。那么，金融业作为现实经济中重要的一环，金融业的发展不但可以为经济发展提供资金，以及强调资源、资本的合理配置，还能够促进知识创新、科技创新、人力资本等无形资本的累积，从而推动、促进了经济的长期持续增长，因此其必然会成为一个重要的内生变量。

2.2.2 集聚与经济增长关系研究

经济增长在经济学领域中一直是被关注的主题之一，对经济增长的动力和源泉的研究是其重要内容。以经济增长为研究主题的理论可以追溯到亚当·斯密，尽管亚当·斯密理论并未提出经济增长的概念，但是目的在于增加国家的财富，所以从本质上可以认为是探讨一国经济增长的问题。亚当·斯密经济增长理论不断发展和演变，学者们开始对经济增长的研究有更多的关注。新古典经济学开始用模型解释经济增长理论，模型中考虑的因素不断变化，但并未将地理因素考虑进模型，认为长期经济增长是劳动、资本和技术进步的函数，找不到关于资源空间配置的影子。因此，不论是古典经济增长理论还是现代经济增长理论，均忽略了地理因素。因此将集聚理论与增长理论结合的研究，成了新的研究方向，认为经济活动的空间集聚有利于促进经济增长（Fujita and Thisse，2003）。经济增长与集聚的概念貌似不同，但其实是角度和出发点不同，一方面，集聚效应促进经济增长，而另一方面经济增长带来集聚效应。

在传统经济学时期，已有学者关注到了经济活动的集聚与经济增长之间的关系。Mashall（1920）将外部经济视为地理空间上集聚的来源，认为知识溢出、劳动力市场和中间投入品共享等效应影响经济增长。弗农（2000）基于马歇尔等的集聚经济理论框架探讨了集聚对经济增长的影响，认为集聚会带来规模经济的优势，有利于区域经济的增长。波特（1990）的研究更多情况下是强调产业集群与经济增长的关系。而雅各布斯（1969）认为集聚经济的重要来源之一是多样化，并强调了产业集聚地往往在城市，而且区域内产品关联性越强，外部性越明显。Walz（1996，1997）较早将新增长理论和地理模型相结合来分析集聚与增长的关系。哈里森等（1997）也指出集聚有利于区域经济增长。

显然，传统经济学关于空间活动的集聚作用机理的证明并不多见。随着理论的深入，Dixit – Stiglitz 垄断竞争模型（简称 D – S 模型）将两个理论加以融合，突破了地理要素的束缚，形成了基于空间集聚视角的经济增长模型。随后 Krugman 基于此建立了 C – P 模型，并借鉴 D – S 模型，结合冰山成本解释了经济活动的集聚与空间分布的形成。克鲁格曼的核心—边缘模型成为研究集聚微观基础最成功的一般均衡方法。Rivera – Batiz 和 Romer（1994）提出集聚产生的规模效应，在采用内生增长模型的动态技术外部性上带来可持续增长的经济增长。Ikeda 和 Akamatsu（2012）为将空间维度纳入经济增长过程作了必不可少的研究。

另外，理论研究的论断同样在经验上获得了广泛的支持。Walz（1996）认为中间产品与最终产品垂直的产业联系会导致生产和创新活动的区域性集中。Martin 和 Ottaviano（1996）首次将新经济地理理论与内生经济增长理论结合运用，证明集聚对经济增长的推进作用。在后续的研究中，Martin 和 Ottaviano（2001）再次通过建立模型证明集聚和经济增长彼此之间是相互增长，具有自我增强的循环累积过程。而 Baldwin（2001）在既有研究的基础上进一步探析出经济集聚对经济增长有显著影响，并与地区经济发展程度有一定的关联性。Fujita（1999）从资本流动性和知识溢出效应方面分析了集聚和增长的关系，认为经济增长和集聚存在内生互动性。杜邦（2007）基于前人的研究基础上得出，地理集聚的确可以促进经济增长，经济集聚和区域经济增长是密切相关的。Mathys（2008）的研究结果证实了集聚效应的强度会伴随着时间的推移而强化，经济集聚的确可以带来经济增长。

Borgman（2012）运用瑞典相关数据，实证检验集聚和经济增长呈正相关的关系。Cerina 和 Muredd（2012）认为空间集聚与经济增长之间的关系并非总是单调的。在内生增长和新经济地理的框架内建立模型，Kondo（2013）证实规模效应导致产业集中度和产业集聚在全球化进程中可以带来高增长。而 Groot 等（2015）则认为集聚的外部性有助于创新，从而带动经济增长。

Grunsven（2015）以发展中国家为例，同样证明了集聚与经济增长的关系，集聚程度高的地区对经济增长有促进作用。无论是增长，还是集聚的过程，其本身是相通的，因为技术溢出效应，是内生经济增长的引擎，集聚的确能促进增长。这些文献的研究成果均侧重集聚与经济增长的关系，但并未深入到具体的产业，不同产业的集聚效应结果未必相同。

一直以来，由于在金融活动的相关研究中地理因素往往被忽视，而在大多数的金融研究中，金融资源的活动又常常被同质化。但是金融发展的确能够直接通过资源有效配置，使储蓄率水平得以提升并提高人均资本，获得更高的人均收入（Henderson et al.，2012，2013）。然而，在区域间金融资源的空间分布及所带来的影响作用会有显著的差异性。现实表明，金融活动是根植于地理因素中的社会资本，具备异质性和不规则性，并呈现出空间非均衡分布形态，形成了地理上的集聚化发展趋势，一旦忽视空间效应构建经济增长模型将引起拟合结果偏误。虽然内生增长理论为集聚研究提供了一种新的思路，通过时间动态机制和循环累积因果关系等方面对金融集聚促进经济增长做了较为详细的解释，但由于在更多情况下只考虑了时间因素，而忽视了对空间维度的分析，因此对经济增长过程中的空间演化规律未能做出说明与解释，有一定的局限性。

因此，通过对上述内容的介绍，将看似独立但本质上又有一定互补性的集聚理论与经济增长理论置于同一分析框架内，既要考虑时间因素，又要考虑空间因素，从综合视角对金融集聚的经济增长效应进行分析，这正是本书研究的切入点所在。

2.3 金融集聚形成研究

金融资源并非均匀地分布，而是集中于部分地区或者某一个地区的某个区域。对于金融集聚现象，国内外学者首先从不同的理论做出了解释，随后采用实证分析方法进行大量研究。早期研究更多的是关注于金融集聚的形成，并证明其在经济发展过程中的存在性及其影响，通过对已有文献进行总结归纳，为本书研究做铺垫。

2.3.1 国外相关研究

关于金融集聚的界定是较为困难的，因为金融集聚特征、功能、范围和可持续性很难给出明确的界定，因此没有一个定义是普遍的。该现象最早由Powell（1915）提出，主要描述伦敦银行业集聚的过程。Gras（1922）认为金融集聚是经济发展的结果，同时金融业与工业、商业相比有更大的集中度，也是城市经济发展的高级阶段。金融发展的高级形式是金融集聚，而金融集聚发展到一定程度会形成金融中心，因此对金融集聚的界定国外学者更多地从金融中心开始。Sagaram（2004）通过集聚在不同地区的银行总部数作为衡量指标，分析了37个IFC国家的竞争力状况。Grote（2008）对1949年到2006年的德国外资银行的位置进行跟踪，将新经济地理模型运用到金融服务业的分析中，发现先进的信息技术和通信技术的发展是形成金融中心的主要原因。Kindleberger（1974）在金融集聚的经济效应的基础上界定金融集聚，并认为在某一地区，金融集聚的形成可以降低资金周转的频率，进而降低成本，为投融资提供便利，又可以提高金融资源的配置效率，产生外部规模经济效益。

金融集聚在国际经济中的地位日益增强，有关金融集聚的驱动因素研究受到了广泛关注。相关文献主要集中在区位理论、信息论及产业集聚理论等，并从区位选择、规模经济、基础设施，资本溢出及各种社会、政府管理角度等基础性因素对金融集聚的成因进行深入分析。

首先，区位选择仍然是经济要素空间分布的主要基础，也是金融业格局首要考虑的问题，对金融集聚的形成亦非常重要。但是并不是所有的地区都适合金融集聚，因此这个适合的地区被马库森称为“光滑空间中的黏结点”，只有具有了独特的区位优势，才有可能成为金融聚集地。Martin（1999）发现金融机构区位选择存在差异，银行业分布相对比较分散，其他金融机构则相对较集中。英格兰银行经济学家 Davis（1998）将选址运用其中，并发现金融产业更容易出现集聚现象，因为金融业需要大量的高素质人才和金融基础设施，主要指金融运行的硬件设施和软件条件。金融业一旦形成集聚，就方便传递与交流信息，进而产生集聚效应。McGahey（1990）、Leyshon（1994）认为区位优势是某一地区发展经济的综合性优势，包括其地理位置、要素禀赋及形成的社会资本等。Taylor（2003）则通过对伦敦金融服务业的实证研究发现集聚理论已经慢慢拓展到金融业，金融机构彼此接近，方便沟通，使得地理邻近已经成为关键因素。因此，区位选择与金融集聚的形成有极大的关联。

另外，金融集聚与其他产业服务需求的推动有关。金融集聚是金融规模持续扩大的基础，为地区经济发展提供了支持，在循环累积的作用下，推动相关产业的发展，金融集聚水平不断提高。Marshall（1920）认为集聚的外部性和规模经济是金融集聚形成的重要因素之一，外部性通过自发吸引金融企业迁移形成集聚。金融市场中的规模经济使得银行和其他金融机构选择一个特定的区位，形成了积聚力量，并带来集聚效益。Simon（2004）证明金融业的重要问题之一即高层次金融服务的位置，试图解释金融业会在空间集中于一个特定的城市，而传统的金融中心则是提供金融服务的金融机构集聚的地方。

金融业是高附加值的信息服务业，其中主要是源于信息的获取，金融集聚区不仅是信息的使用者，更是信息的传递者与转化者。在这个传递与转化的过程中，信息能够充分发挥其作用。因此，信息对金融集聚有重要作用，二者存在相辅相依的关系，信息可以主导金融集聚发展的方向，而金融集聚可以将信息引向高层次化。现代信息通信技术的加速发展成为金融集聚的主导力量，学者们开始从信息的特征进行分析，Thrift（1994）、Porteous（1995）等运用信息流理论说明金融集聚的关键因素在于信息成本的降低和信息获取的便捷性有利于改善金融资源的配置。Porteous（1999）通过分析信息流可以影响金融集聚的强弱，证实其是金融集聚形成的关键因素。加强信息之间的沟通，减少信息不对称的可能性，会强化金融集聚，反之会弱化金融集聚，同时信息也是金融集聚区地位兴衰的决定因素。Gehrig（2000）认为金融业作为“高增值”信息服务业，对信息较为敏感的金融业更容易集中在信息腹地，便于金融交易行为中信息快捷的流动。Pandit（2002）通过实证研究认为纽约成为金融集聚中心主要取决于其信息优势。而 Bossone 等（2003）同样认为金融集聚更多的来源于信息的溢出，对于那些对信息灵敏度极高的金融企业、金融机构在地理位置的接近更容易获得丰富的相关信息，通过对信息的分享获得应有的利润。Zhao 等（2003）认为金融集聚的一个重要原因是信息的不对称，其不仅会造成地区间的差异，更会影响全球经济层次。而 Leyshon（1995，1997，1998）在 2015 年《上海市国民经济和社会发展统计公报》中从多个视角解释居民收入、层级及素养、金融文化及已有的银行分支机构的溢出效应对金融集聚形成的影响作用。

国外学者在文献的研究中发现，在更多情况下认为金融集聚的原因主要有两大要素，一是区位选择，二是信息获取能力，但是即使是信息获取能力也多数与所在区位有关联。因此，金融集聚与区位因素的关联不容忽视。

2.3.2 国内相关研究

基于金融业的发展以及对金融集聚现象的关注，同时由于受到理论框架、研究视角、分析对象和数据等诸多因素的影响，在研究金融集聚驱动因素方面，国内学者分别提出了各自的见解，但是研究视角和关注点不尽相同。

金融集聚的形成首先要考虑产业布局，而区位选择是金融产业布局需要考虑的首要问题。潘英丽（2003）证明金融企业选址行为与区位理论相关，并分析了其选址的决定因素。成春林（2013）基于任英华的研究提出的机器人模型同样说明金融机构区位选择的重要性，这些分析与国外的研究结论相似。

白钦先（2001）指出金融集聚形成与金融服务业需求的规模相关。地区金融业发展的潜力在某种程度上与金融发展规模和金融集聚程度有关，从这一点上，同样可以说明区位是金融集聚形成的关键因素之一。黄解宇（2011）等从规模经济角度对我国的金融集聚动因进行了分析，金融资源的高速流动性及金融规模扩大加速了金融集聚的形成。而徐鹏、孙彦骊等（2011）则通过实证分析检验出经济规模有助于促进金融集聚的形成。

基于金融集聚模式的分析，更多的学者认为可以从政府层面探讨金融集聚的形成。司月芳等（2008）、李大垒（2012）及李秀茹（2013）都认为政府的政策法规对国内地区金融集聚形成有重要影响。华桂宏（2013）认为金融集聚的形成可以从内外两种状态进行考虑，其中外生状态主要是指政府的主导作用，即政府在推动金融集聚过程中的作用不容忽视。同时通过降低经营成本、促进人力资源开发、改善基础设施运行状况及完善监管环境等公共政策的实施，也便于形成金融集聚。王宇、郭新强、干春晖等（2015）都认为税收制度安排足以影响到金融集聚。因为政府的税收从本质上说是政府的收入，政府可以通过其加强对金融业相关的基础设施进行投入。尤其与发达国家不同的是，政府政策和制度环境可以快速提升区域竞争力和金融集聚度。因此，在金融集聚的形成过程中，政府层面的外力尤为重要。同时，陈俊等（2013）对我国金融集聚的形成过程中的实证分析表明区位变量和政策变量对金融集聚都存在正向促进作用。

金融业是信息化的产业，对信息技术发展水平要求非常高。只有信息发展水平达到一定水准，金融业才有可能在此地形成集聚。信息通信技术既然是影响金融集聚的核心因素，那么金融本身的高流动性及信息不对称等特征会加速金融集聚的进程。同时，信息技术的发展也需要金融支持，否则很难实现。李伟军（2011）、车欣薇等（2012）同样证明信息流在金融集聚中的作用，信息的交流与沟通有助于金融集聚的形成，同时，金融集聚的形成也可以加速信息的流动，并通过实证检验出信息流对金融集聚规模和速度有显著影响。

由此可知，金融集聚形成的因素包括区位因素、规模因素、信息因素及政府政策管理等，其起作用的条件在于金融资源的配置效率与区域经济发展的配合度。一旦金融集聚形成，其所带来的经济增长效应自然也会有所显现，因此，上述因素的确是引起金融集聚必不可少的条件。尤其是区位因素和信息因素在金融集聚的溢出效应中发挥着重要作用，成为金融集聚溢出效应的关键所在。

学者们从不同角度关注了金融集聚形成的影响因素。由于金融集聚的形成过程相对比较复杂，有效地把握金融集聚发展的脉络和形成原因，有助于下一阶段的研究。在金融集聚形成的基础上，探究金融集聚的增长效应是本书研究的重要内容。

2.4 金融集聚效应研究

2.4.1 国外相关研究

关于金融集聚效应的研究成果显著。自20世纪80年代以来，首先受到关注的是金融与经济增长之间的关系，但是结论仁者见仁，如Lucas（1969）等认为经济增长与金融发展并不存在因果关系，各自沿着自己的逻辑主线发展。Goldsmith（1969）开创了金融发展与经济增长研究的先河，通过经济增长模型建立二者之间的关系，利用35个国家1860～1963年的数据验证金融发展与经济增长的同步性。McKinnon（1973）和Shaw（1973）强调了金融发展在发展中国家的重要性，必须要实行金融自由化，促进金融集聚。King和Levine（1993）、Stiglitz（1994）一致认为金融发展导致经济增长，并相继验证了金融发展与经济增长的关系。正如Levine（1999）所强调的，金融有五大基本功能，通过促进资本积累和技术创新每个功能都可以促进经济增长。Luintel 和 Khan（1999）采用 VAR 分析方法验证了十个样本国家的金融发展与经济增长之间的双向因果关系。Xu（2000）对 40 多个样本国家金融发展对经济增长的长期累积效应进行研究，并针对国家经济制度的不同，运用多个指标进行分析，认为金融发展促进长期经济发展。Tadesse（2001）指出金融体系可以通过完善融资渠道优化金融资源配置，为投资者提供长期激励、降低交易成本及分散风险，促使经济增长。Buera 等（2002）则认为金融发展的过程是资金流向收益高的区域，充分发挥信息收集和处理的规模效应。Hermes 和 Lensink（2001）认为金融发展降低了相关的成本与外部融资成本，有助于提高经济增长效率，但是二者之间的关系更为复杂，并不一定呈现出简单的线性关系。Al－Aawad和 Harb（2005）研究表明存在金融与经济增长之间的长期关联。在短期内，金融业的确比较难以支持经济增长到一定高度。Sunday 和 Winston（2011）研究发现开放经济体在 1960～2003 年金融发展可以促进金融增长；反之，经济增长会带来金融发展的持续。结果表明，在所有国家金融发展和增长之间更多的情况下是存在正相关关系。Hassan 等（2011）认为经济发展与金融产业成长关系是相伴相生的，同时通过实证分析得出金融发展对经济发展也存在促进作用，从而否定了“金融仅为经济增长被动反映”的观点。Greenwood（2013）运用金融中介的动态昂贵状态验证模型，检验出金融中介的改善可以解释美国 30% 的经济增长。Winant（2015）则证明了金融发展对经济增长的积极效应。

Bruno 和 Hauswald（2014）更是从行业视角分析了银行业集聚的增长效应。Bayar（2014）的研究探讨了 1992～2011 年金融发展对亚洲新兴国家的经济增长的影响，代表银行业和股票市场发展的各种指标对新兴亚洲国家的经济增长有积极作用。金融发展必然会带来经济增长已经被学者们广为证实，这一研究思路对金融集聚的增长效应同样有重要的借鉴意义。一直以来，金融资源都具有非实体性特征，然而金融活动的地理因素却一直处于研究的边缘化，同时金融资源的空间性也被同质化处理。伴随着金融资源的空间流动及在流动过程中不断集中，最终形成的集聚效应逐步被经济学家所重视，因此，集聚与经济增长的关系研究对金融集聚的增长效应显得非常重要。

经济学家开始围绕二者关系进行相关研究。佩鲁认为经济增长较快的区域首先形成了经济增长点或增长极，通过不同的渠道扩散至整个区域，从而对地区经济增长产生推动作用。因此，Boundeville（1966）基于佩鲁的增长极理论，引入地理学“增长中心”的概念，将增长极理论进一步扩展，将地理空间与经济空间相结合。Kaldor（1961）同样基于佩鲁的研究认为由于存在规模报酬递增效应，并基于增长极的作用，集聚在形成过程中可以不断地自我加强，通过增长极不断促进区域经济快速增长。Myrdal（1957）的研究则强调集聚的溢出效应，集聚经济外部性会不断加大区域间的差距，集聚所产生的正外部性对地区经济增长有极大的推动作用，反之则扩大区域间经济发展的差距。而 Yamamoto（2003）的研究是通过建立垂直关联模型，为集聚与经济增长的分析提供了研究平台，在分析二者之间关系的同时证明集聚的溢出对经济增长的重要作用。Fujita 和 Thisse（2003）通过构建区域经济的内生经济增长模型证明集聚有助于经济增长，集聚的增长效应更明显。

20 世纪 90 年代克鲁格曼首先将空间因素纳入经济增长理论的分析框架，建立了一个包含地理经济特征的分析方法，使金融地理学成为焦点。通过对产业集聚与经济增长之间的关系进行探讨，说明产业集聚能够不断通过自我强化，产生经济效应。Greenwood 和 Jovanovic（1990）建立 CJ 模型，实证检验了金融与经济增长之间的关系，将金融功能分解为信息作用、分散风险作用和投资作用，得出金融中介体系能有效促进产业部门经济增长，在此基础上分析金融集聚与经济增长的关系（Greenwood，2013）。

随着研究的推进，已经开始重视地理因素的作用，Martin 和 Ottaviano（2001）通过理论模型来说明经济金融业地理空间集聚和地区经济增长之间的关系。Commendatore 和 Michetti（2013）则认为金融发展与集聚摆脱不了地理空间差异因素的限制。地理接近及行业接近有利于降低融资成本，便于共享基础设施及信息的交流、知识技术的传播。Dekle 和 Eaton（1999）研究得出金融集聚所产生的地理溢出效应虽然低于制造业，但是金融集聚的确能够为国民经济带来回报，金融集聚有利于远距离地区的相互联系，并成为区域经济发展的润滑剂。

学者们开始研究金融集聚对经济增长的推进作用。Kindle Berger（1973）认为金融集聚对经济增长的作用主要是因为金融集聚可以带来外部规模经济，规模经济的形成对经济增长具有推动作用。金融集聚加速资金在区域内的流动和转移，在集聚的过程中寻找到最佳的资源配置点，既可以提高自身的资源配置状况，也会提升地区经济增长的效率。正是因为金融集聚带来的外部规模经济，对金融集聚效应的研究引起了学者们的广泛关注，分别从不同的效应进行分析。有学者认为金融集聚的网络效应会给实体经济带来额外收益，可以降低企业搜集信息的成本，促进交流与合作。Bernat（1996）基于经济发展的空间依赖特征，强调了金融集聚在区域经济活动空间分布中存在溢出效应。Wurgler（2000）发现资源的有效配置可以加速金融集聚的形成，并利用跨国样本的数据，从全方位分析金融集聚对区域经济增长的推动作用。Baldwin 等（2003）通过构造两区域的全局溢出模型，通过分析发现金融集聚既有对地区经济的增长效应，同时也存在对周边地区的扩散效应。Pandit（2010）等分析了金融集聚带来的经济及社会效应，并对英国的各大区域进行比较分析。Johanna（2013）指出金融业在其发展的过程中，在信息技术影响及知识溢出的作用下不断提升自身的集聚程度，并不断带动地区经济的增长。虽然地理因素已经被国外学者引入到金融集聚对经济增长的作用分析中，但是多数仍然以定性分析为主。

2.4.2 国内相关研究

从现有研究来看，国内学者开始重视金融集聚形成后所带来的集聚效应，同时延续了外国学者的主流思想，对金融集聚形成后的综合效应进行较为系统的研究。周立（2003）基于 Levine（1995）的分析，从金融功能视角探究了金融集聚对经济增长的影响路径，并得出经济增长与金融集聚相关联。李炜（2000）认为，金融集聚有利于资本集中、转移和重组，促进资源的再配置，进而提高生产率促进经济的发展。金融企业集群作为现代金融活动的基本单位，是金融发展过程中最活跃的主体，既可以通过自身优势为区域金融发展提供动力，也可以提升区域经济发展水平（连建辉，2005）。金融集聚在经济增长过程中的作用十分明显，金融集聚通过集聚效应、辐射效应、功能效应促进经济增长，这一结论也得到了许多学者的证明。丁艺（2011）等发现银行业集聚在区域经济增长中的贡献更大，并利用省级层面面板数据进一步证明了二者之间存在互动关系。刘帅、李海峰（2012）选择西部 12 个省份的动态面板数据分析表明，在对 1997 ~2010 年中国西部地区金融资源的不断集聚过程中存在着动态溢出效应，从行业角度看，证券业集聚为负向溢出效应，而相对于保险业集聚，银行业的正向溢出效应更为显著，说明金融集聚对经济增长的促进作用在行业内部有明显不同，并同时验证了其是否具有辐射作用（苏建军等，2015）。这些研究已经开始重视金融集聚经济增长效应，但是分析视角更多集中在区域层面。

李芳芳（2013）认为金融集聚体现了金融资源量的积累到质的提升的过程。在金融资源不断累积的过程中，期初外围的资源不断被吸引到核心区域，金融优势逐渐凸显，外围地区有可能受到影响，但是，由于金融集聚的规模效应，创新效应及溢出效应对外围地区带来外部经济，最终形成一种自我强化的良性循环，最终达到共赢。在现实中，金融资源一般会集中于中心城市或者是城市的核心地区，以点带面，带动城市综合服务能力的提升，进而促进城市经济整体实力的进步。而张晓燕（2012）、尹来盛（2012）发现金融资源并非均匀分布，而是会集中于某些城市，在城市中产生极化效应，促进城市经济增长。随着全球经济一体化的日益加强，国际市场上的金融资源也在寻找获利的区域或城市，这种全球化的发展过程中更有利于体现城市区位的重要性，并同时凸显其重要作用。金融集聚对邻近城市和地区产生溢出效应（李红等，2014）的同时，也会对城市经济绩效有影响（张浩然，2015）。

上述研究成果证实，金融集聚会增强地区经济发展优势，区域经济基础设施共享，劳动力市场共享。金融集聚的综合效应使得金融集聚区内的个体获得效益，从而促使经济快速增长。金融集聚对经济发展会产生报酬递增的作用，不仅具有增长效应，还对周边地区有辐射效应。

金融集聚在促进地区金融业良性发展的同时，不断增加资金的需求，对资金的流动与配置进行合理安排，不但可以优化产业结构，还会最终影响地区经济增长的水平（黎平海等，2009；王春丽、宋连方，2012）。随着金融集聚对产业结构高级化作用的分析，发现金融集聚可以提高融资效率，降低融资成本，促使金融资源向高效率的产业转移，更好地向以资本和技术为主的知识密集型产业转移（黄明旻，2009）。石沛和蒲勇健（2011）发现金融资源的流动有一定的方向性，并与流动地区的经济发展水平有关，因为经济较发达的区域容易吸引金融资源，更好地提升金融资源的使用效率。金融发展的过程中是有选择性的，尤其对主导产业的选择有极大的影响（戴志敏、郭露、彭继增，2011）。金融集聚区内部的金融产业与相关产业联系十分紧密，金融业发展水平通过作用于产业结构内部的变动机制，进而影响产业结构的调整及提升（孙晶、李涵硕，2012；杨义武、方大春，2013；邓向荣、刘文强，2013）。以上文献均证实，金融集聚对经济增长中的促进作用是基于金融资源的充分流动，为地区经济提供更为广泛的融资渠道的同时促进地区产业结构优化，提升地区经济效率。

20 世纪末，金融集聚与经济增长的空间依赖性也开始进入学者的研究范围，空间经济学侧重从资本要素流动方面来促进经济增长。Long（2003，2005）认为“内核地区对外围地区”的空间溢出效应在中国十分明显，并通过采用空间滞后模型考察各生产要素对中国经济增长的作用，证明中国区域经济增长间存在较强的相互影响。李林等（2011）首次从地理和空间视角验证金融集聚的空间溢出效应，以省级层面为代表进行分析，并从金融业异质性角度进行实证分析发现，相对于其他行业，银行业的空间溢出效应更为明显。随后，周凯（2013）通过构建空间滞后模型（SLM）和空间误差模型（SEM）验证了金融集聚对经济增长的促进作用。张婧（2010）等从金融地理学的角度出发，探究长三角地区金融集聚发展的空间结构及其空间效应。余泳泽、宣烨、沈扬扬（2013）则从空间视角探析金融集聚的外溢效应，并对金融空间集聚起作用的途径进行系统分析。徐晔、宋晓薇（2016）认为中国金融集聚度空间非均衡分布十分显著，金融集聚程度的差异与地区经济发展有关。李延军等（2016）则探析了金融集聚对经济增长的空间溢出效应及路径。

综上所述，金融集聚的经济增长效应已经被广泛关注，在大都市区域里，大、中、小型的金融业都倾向于形成集聚状态，并最终成为金融业发展的高级阶段。然而，目前关于金融集聚对城市经济发展作用的研究并不多见。虽然金融资源集聚对城市经济增长的影响已经得到证明，但是以往的金融发展理论更多情况下忽视了金融的空间集聚特征及空间差异性，在采用传统的面板数据进行分析时，缺乏空间视角的分析，很难从根本上解释金融空间格局对经济增长的影响程度，而本书将致力于此方面的研究。

2.5 金融集聚的衡量指标与方法研究

关于金融集聚度的测量一直是区域经济学家关注的热点问题之一，测量方法主要来源于产业集聚的测度。20 世纪 70 年代，随着国外产业集聚的实证研究的进展，多样化的衡量方法被逐步采用。其中主要包括行业集中度，主要是用来衡量市场势力的指标，相关市场内 N 家最大企业所占市场份额的总和，通常是通过产值、销量及资产总额等来衡量相对规模的差异。区位熵指数是指特定区域中某产业在测算区域占有份额与整个经济中该产业占有份额相比的比重，以此用来说明该产业在某地区是优势产业，若比值的系数越大，即区位熵系数越大，说明该区域的集聚程度越高；反之，区位熵越小说明测算区域该产业处于边缘化状态，集聚度越低。如果某个地区的区位熵值高于其他地区，说明该地区的某一产业相对于其他地区具有优势。另外，空间基尼系数是通过比较某个地区某一产业就业人数占该产业总就业人数的比重与该地区就业人数占全国总就业人数的比重的差，并对所有地区进行加总，以此来衡量地区的集聚程度。从结果上看，如果指标值越大，说明产业的集中程度越高，表明产业在地理上的分布越加集中（Audretsch and Feldman，1996；Amiti，1998）。

而赫希曼—赫芬代尔系数（HHI）是一个综合指标，表示各区域某产业产值或就业比重的平方和。EG 指数是基于空间基尼系数，同时考虑到企业间区位选择时的相互依赖性，从而假设某一经济体（国家或地区）划分为 M 个地理区域，其中某一产业内有 N 个企业，且将该经济体这 N 个企业分布于 M 个区域之中（Elhsion and Glaeser，1997）。SP 指数是 Midelfart Knarvik（2000）根据 EG 指数和指数没有空间距离变量的缺陷构造的。而 Duranton 和 Overman（2005）首先构造了产业集聚度指数，即 DO 指数，同之前的方法比较而言，此方法是基于企业层面与企业间的距离有关，可操作性较差，一般使用得较少。

以上关于集聚的测度体系中的方法各有优劣，需要从已有数据情况和所分析产业的角度进行恰当的选择。在研究的过程中，不同的方法得出的结论不尽相同。在上述方法中，由于对金融集聚的衡量受到理论框架、研究视角、分析对象及数据等因素的影响，国内学者更多的是采用区位熵指数。

区位熵指数（Location Quotiet）的运用是由哈盖特（P. Haggett）首先提出的，主要是反映某一地区金融集聚水平与全国平均水平的差异，以此作为金融集聚度测量的文献相对较多。大多数学者使用该指标时，更多会选择就业人员数占总体的比重来进行分析，主要原因还是数据更容易取得（豆晓利，2012；刘沛，2014；李静、朱显平、白江，2014；孙维峰、黄解宇，2015；王晶晶，2016）。也有学者选择金融业增加值进行测量，计算金融产值规模的集聚度（苏建军等，2015；李标等，2016）。为了揭示金融集聚的资源内部配置和集聚状况，区位熵指数成为首选的测算指标（孙武军，2013；潘辉，2013；张秀娟，2015）。

本书为了说明金融资源在不同区域的空间地理分布情况及金融业在各地区的专业化程度。考虑到金融集聚的特征及所研究范围是以城市为样本，选择区位熵作为衡量金融集聚的指标更为可行。因为有效的测度方法对金融集聚的程度进行测量，可以客观地判断中国金融集聚的发展态势及空间格局。

除此之外，关于金融集聚程度衡量方法还有很多，有通过行业集中度对我国整体金融集聚程度进行分析的（徐沈，2011），还有用反映市场垄断或是竞争状态下的赫芬达尔指数来衡量金融集聚度的（何宜庆，2014；茹乐峰，2014）。李宝礼、胡雪萍（2015）用空间基尼系数从不同区域、不同行业衡量金融集聚的程度。另外，关于指标体系的综合评价方法也是文献中较为多见的一种方法。一是通过构建金融集聚的宏观评价指标，进一步通过主成分分析进行评价。二是从金融中心建立的微观视角构建评价指标衡量金融资源的空间分布。但是鉴于中国金融业统计数据方面的缺失及数据的可得性和可比较性，上述这些方法运用到城市层面的研究有一定的困难。本书采用的方法主要是通过区位熵（LQ）指数作为衡量金融集聚程度的指标，这一指数可以用来衡量区域中某种要素的空间分布，并同时反映出产业的专业化程度，而且不影响我们对金融集聚现状的判断，还能够比较出金融集聚在全国的相对位置，这正是本书选择其作为衡量金融集聚指标的重要原因。

2.6 研究评述

本章通过对集聚基本理论的相关文献、集聚视角下的经济增长以及金融集聚的形成和金融集聚效应的相关研究进行综述，对本书的理论基础和文献进行了较全面的梳理，相对于制造业集聚，金融集聚的理论和实证分析还是稍显单薄，尚有较大的研究空间，而金融集聚的研究更集中于其形成的驱动因素和产生的经济效应。通过对文献的梳理，为后续研究形成铺垫和启示。但是，现有研究仍有一些不足的方面：

首先，金融集聚增长效应的研究更多的是基于宏观视角出发，以东、中、西部的传统地区划分基础为主，更多的关注角度在区域层面，或者是从某一个相对较小的区域进行分析，而对地级城市的关注较少。金融集聚很明显的是地理现象，与空间距离关系较大。其次，缺乏深入到金融集聚与经济增长在时间路径、地域特征及空间视角方面的深入研究。

综上分析，对金融集聚的经济增长效应的研究应从以下方面着手：一是本书在研究中尝试深入到地级城市进行探索性分析。在进行实证分析的时候，城市是更好的分析单元，以期对其今后的发展提供一定的参考价值。二是金融主体之间在地理上的空间依赖关系十分明显，因此将地理空间维度引入研究是十分有必要的。在研究过程中发现，源于行政分割的“条条块块”发展思路形成了中国区域经济实践的空间属性，因此，经济要素禀赋的空间分布差异和规律也需要在研究中得到强调。那么就需要构建一个既包括经济属性又包括地理空间数据的综合分析框架，进一步强调金融集聚的经济增长效应。

3 金融集聚的经济增长效应的机理分析

现代集聚理论主要研究两个问题：一是集聚形成的微观基础；二是表明集聚与经济增长之间的关系。本书主要是基于第二个问题进行拓展研究，在集聚与增长理论的基础之上，进一步探讨金融集聚的经济增长效应。

随着金融产业不断扩张，对金融资本的需求程度也不断提升，金融资金的快速流动有助于金融集聚逐渐形成（Raymond Vernon，1966）。金融集聚从无到有，逐渐发展完善，并不是自发偶然的现象，而是金融业发展到一定阶段的必然产物，是金融资源、金融工具、金融机构和金融人才集聚的复杂过程。金融集聚对宏观经济的运行及微观企业的成长都有着不可或缺的作用，在某种程度上金融集聚形成后能够很大程度地影响地区经济的增长速度和增长质量。因此，金融集聚形成后产生的增长效应，已成为金融集聚研究领域的一个重要内容。

目前关于金融集聚与经济增长关系的研究遵循的研究范式主要是新古典经济增长理论和新经济地理理论。金融集聚与经济增长相伴相生，本书将延续这一研究思路，分析金融集聚的经济增长效应机理，为后续实证分析提供理论支持。

3.1 相关内涵的界定

3.1.1 集聚

集聚（Agglomeration）是空间经济学的核心概念，并源于产业经济学，集聚这一概念最早出现在 Weber 的《工业区位论：区位的纯理论》著作中。从字面释义为会合、聚会、安定聚居，也可以释义为经济活动在地理上的集中或在某特定空间的集中。集聚经济主要表现为由于地理集中进而带来收益的增加或者成本的节约。集聚多出现在经济地理文献中，描述不同空间尺度的真实状况，因此空间尺度的选择在不同的理论研究中十分重要。一般来说，集聚是经济活动在地理区域上的集中，即地理位置接近的结果。集聚的过程也是一个累积的过程，集聚可以使经济活动形成规模效应，节约成本，最终在形成过程中发挥优势。随着经济的发展，产业活动的集中现象逐渐引起学者们的重视。产业集聚（Industrial Agglomeration）最早是基于马歇尔的理论提出来的，产业集聚既是一个空间概念，也是一个产业概念，在经济学、管理学、地理学等各个学科的内涵都有所差别。虽没有统一的概念，但对内涵的解释有一定的一致性。迈克尔·波特从竞争力优势的角度进行分析提出了产业集群的概念。产业集群是指处于一个特定的产业领域内的生产、制造型企业，他们之间由于共同性和互补性相互关联在一起。

而国内学者在运用的过程中逐渐忽略了“产业集聚”与“产业集群”的差异。前者是指在一定区域的同一产业内企业数量上的不断累计，更多关注于同类产业内部企业的集中，进而形成产业集群，并认为产业集群是产业集聚的高级形态。产业集群是指多个产业相互之间的配合与协作的结果。但是有些学者认为，产业集聚是产业集群的雏形，研究的虽然是产业集聚，但并未完全脱离产业集群。

3.1.2 金融集聚

金融集聚（Financial Agglomeration）是产业集聚的一种，是以金融活动为参与主体，强调金融要素在地理空间上表现为集中的趋势。金融集聚内涵丰富，动态静态相结合，从动态上看，金融集聚是一种过程，基于产业集聚的基础形成，但是也有不同于产业集聚的特征，主要是指金融资源在时间和空间上有序演进的过程，同时与区域经济环境、地理条件及相关的产业相互影响。作为静态的解释，主要是一种状态和结果，是指金融服务产业在一定地域空间产生、发展，并成长为金融地域密集系统不断增加的过程。

金融业是一个国家增强核心竞争力的主要途径，由于金融业自身具有的特性，成为区域之间、组织之间、国家之间寻求竞争优势的手段之一。近年来，各国学者再研究产业集聚的过程中，逐渐关注金融集聚。金融集聚与产业集聚相比较，各有特点，主要体现在如下几个方面（见表3－1）。

基于二者比较而言，金融集聚的模式分为自然集聚模式和政府主导模式（袁晓霞，2008）。例如，英国伦敦就是自然集聚模式形成的典型代表，这种模式的形成与城市结构的历史转变和空间布局的调整有关，通常需要较长的发展时间。而新加坡则为政府主导模式的代表，这一模式主要利用其在国民经济产业链中的核心位置，强调外部力量推动的发展。政府通过人为设计规划和优惠政策的扶持来引导金融资源的流动，金融资源在流动的过程中不断集中，并形成集聚趋势。

从集聚的范畴来看，是指金融活动的参与主体，如金融资源、金融机构、金融市场及其相关服务机构的空间聚集。由于地理位置的接近，彼此之间可以共享资源、信息、基础设施和金融市场。另外，将彼此的共通性和互补性联结在一起，提升自身的竞争力。

从集聚的路径来看，金融集聚是金融资源在区域内进行合理配置并不断融合，其更多情况下是金融资源的地域运动。从特征来看，金融集聚具有高流动性和主导型。高流动性是指金融资源的流动相对自由，而主导性是指金融集聚表现出的量的增加和质的增长。

从结果来看，金融中心是金融集聚的最终形式。由于不同地区对金融资源的吸引力不同，会形成不同层次的增长极，即不同层次的金融中心。

从影响和作用来看，金融集聚的正向促进作用在经济增长中很明显，具体表现为对中心城市的增长效应和周边城市的溢出效应，并能够为实体经济的发展提供丰富的金融资源和多样的融资渠道。

在后续过程中有关金融集聚的相关国内外文献发现，关于金融集聚与金融集群的区别并未有明显区分，因此，本书以金融集聚为研究对象。

从集聚动因来看，关于金融集聚的内涵，我国学者从多个角度进行界定。黄解宇（2006）从金融集聚的地域性、动态性和复合性角度揭示金融集聚的内涵，并着重强调了动态性，指出金融集聚是通过集聚各种金融资源，在地理区域内合理配置各类金融资源，并考虑其动态运动的过程。由于区域资源、要素禀赋不同，金融资源的流动达到一定规模后，形成各个层次的金融集聚。梁颖等（2006）是从金融机构地理集中的特性进行分析，并指出金融集聚在更多情况下是金融总部机构的集聚过程，是金融机构总部在空间集中过程中相互联系、相互促进，彼此之间有着密切关系的空间分布状态。汪潇（2011）在解释金融集聚时分别从静态和动态角度予以界定，既是地域间金融产品的有机组合，又是金融资源的地域流动及空间不断演化的过程。赵晓霞（2014）则认为金融集聚既是一个过程也是一种状态，是金融企业与金融机构在特定区域中形成的具有集聚经济效应的产业组织。

冯晓春（2010）、张晓燕（2012）及张清正（2015）从金融市场发展过程中来看待金融集聚，认为金融集聚是一种经济现象，是金融参与者在某个地域的高度集中，在区域内的密度和种类达到较高水平，并在特定的地理空间形成相互联系，并形成相互协调、配置、组合的时空动态变化，形成相互竞争、相互合作的产业群体。曹源芳（2012）则从金融资源的空间分布角度认为金融集聚是一个极化过程，是集聚与扩散相结合的过程。胡国晖、郑萌（2014）认为金融集聚是金融资源在区域间流动过程中的分布变化及在地理空间上的集中与汇聚现象。

表 3－1　金融集聚与产业集聚比较

	金融集聚	产业集聚
集聚范畴	金融行业及相关服务	其他产业（服务业、制造业）
集聚效率	速度快、集聚程度高	速度较缓慢、程度较低
集聚特征	高流动性、经济主导等特殊原因	空间外在性、规模经济等
集聚路径	依靠金融地域运动	跟随产业转移
集聚动因	经济发展状况、制度及国际环境、规模经济、市场机制、区位因素、人力资本和政策环境；行业竞争、技术创新、技术差异和知识溢出	自然条件、偶然因素、企业组织结构、技术差异、自然资源差异、要素禀赋差异；规模经济、市场效应；市场外部性、交易成本
影响范围	所有行业	本产业及相关产业
集聚效应	全局影响，对自身和其他行业都有影响	仅限于本产业影响范围
风险传导	影响范围大	行业风险
监管力量	综合性监管	行业性监管
政策引导	政策影响机制复杂，效果不明确	政策作用比较明显

资料来源：黄解宇．金融集聚论［M］．北京：中国社会科学出版社，2006.

综上所述，金融集聚（Financial Agglomeration）是金融业发展的一种区域现象，金融集聚的含义丰富而复杂，既是静态的结果，同时也是动态的发展过程。是指金融资源、金融机构、金融系统在结构、功能、规模、等级上跨地域运动形成集中聚合的状态和过程，也涵盖了金融资源与地域、人文环境及其他产业相互融合的时空有序演变进程，同时也是金融业成长的过程和金融发展的最终阶段。

3.1.3 地级层面

本书设定的地级层面主要是指地级城市（以下简称地级市）。地级市是中华人民共和国第二级行政区划之一，因其行政建制为地区级别的“市”，故称为“地级市”。自 1983 年 11 月 5 日开始，在国家行政机构区划统计上作为行政区划术语固定下来，取代之前的省辖市之称。进入 21 世纪以来，中国地级市数量逐渐稳定下来，截至 2016 年 11 月，在总计 334 个地级行政区中，其中有 293 个地级市、30 个自治州、8 个地区、3 个盟，地级市约占地级行政区的 88%，地级市逐渐取代地区和盟成为地级行政区的主体。

本书的研究样本主要以地级市为主，在后续的实证研究中，鉴于研究中所涉及的变量较多，一些城市数据统计不完善，因此通过筛选，最终选取的地级城市数为 285 个，占比达到 85%，对于既有研究，样本数量上有绝对的优势。既能够比较全面地反映总体的特征，还能从数据中获取有价值的信息，保证研究结论的客观性。主要包括的城市名单，见附录 A。

3.2 理论模型

不同的理论学派从不同的视角探讨各自变量与经济增长的关系。在古典经济增长理论中，亚当·斯密最早提出了分工有助于经济增长，而经济学家马尔萨斯则在经济增长的过程中强调了人口的作用。但是鉴于分析工具所限，早期的理论研究更多地停留在定性分析上。从目前来看，关于集聚与经济增长关系的理论解释主要体现在新经济地理学与新增长理论，将集聚和内生经济增长联结在一起，从理论模型来刻画集聚与经济增长之间的关系。Martin 和 Ottaviano（1996）通过构建一般均衡模型探析集聚与经济增长的关系，并在研究中发现前者对后者的促进作用，在其后续的研究中提出的局部溢出模型更是为本书的研究提供了理论借鉴。本章内容是基于保罗·R. 克鲁格曼的中心—外围模型来分析金融集聚的经济增长效应，因此，首先对中心—外围模型进行简要说明。

3.2.1 基础理论模型

国内外金融业在发展的过程中的集聚现象已经非常明显，其中金融资源的空间配置和金融活动的空间区位，为现实中的金融集聚形成提供了很好的解释。随着理论研究的深入，为了能够更清晰地说明金融集聚的增长效应，本书在中心—外围模型的基础进行适当修正。

借鉴新经济地理模型，假设经济系统中存在两个生产部门，分别是农业部门和制造业部门。农业部门是完全竞争的，生产单一的“同质”产品。而制造业部门提供的是最终产品，满足不完全竞争，存在规模报酬递增。另外，存在两个区域，北部（N）和南部（S）及两种生产要素，包括可流动的生产要素和不可流动的生产要素的 2×2×2 模型，制造业部门每生产一单位产品，从事制造业的需要固定投入（F）和可变投入（$a_m x$），农民在两地区之间不可流动，但是农业品可以自由流动，运输成本视为零。因此，其成本函数为：$w(F+a_m x)$，函数中 x 代表产出量，w 代表工资水平。每生产单位产品需要 a_m 个单位劳动。在同样情况下，如果制造业产品是在一个地区内运输的，则运输成本也为零。但是，如果不是在同一个地区内运输，满足冰山交易成本，也就是说，制造业产品在本地区价格假设为 p，那么在其他地区的出售价格 $p^*=p\tau$，多出的价格 $p(\tau-1)$ 是为了补偿运输过程中的损失，并且 $\tau>1$。对于两类产品而言，消费者偏好相同，因此可以用柯布—道格拉斯函数形式表示为：

$$U=M^{\mu}A^{1-\mu}\quad(0<\mu<1)\tag{3-1}$$

其中，M 表示工人对制造业产品消费；A 表示农产品的消费量；μ 是常数，表示制成品的消费比重；$1-\mu$ 表示农产品消费比重，由于存在差异化，因此，消费函数的表达式为 CES 的函数形式：

$$M = \left[\int_0^N m\ (i)^{(\sigma-1)/\sigma} di\right]^{\sigma/(\sigma-1)} \quad (\sigma > 1) \tag{3-2}$$

其中，参数 $(\sigma-1)/\sigma$ 表示消费者的偏好程度，表示两种制成品之间的替代弹性，替代弹性的大小与其数值有关，越接近 1，说明产品之间是完全替代关系；反之，数值越小，越靠近 0，说明差异化大的产品对消费者更具有吸引力。m_i 表示消费者对第 i 类制成品的消费量，M 基于上述条件的分析，消费者为了获得利益最大化，即获得效用最大化，可以将约束条件设定为：

$$Y = P_A A + \int_0^N p(i) m(i) di \tag{3-3}$$

其中，P_A 是农产品的价格，$p(i)$ 是每种制成品的价格。我们求解消费者的效用最大化问题，首先使获得的制成品组合成本最低。

$$\min \int_0^N p(i) m(i) di \quad \text{s. t.} \left[\int_0^N m\ (i)^{(\sigma-1)/\sigma} di\right]^{\sigma/(\sigma-1)} = M \tag{3-4}$$

同时，为了支出最小，满足一阶条件的边际替代率等于价格比率。令 $\rho = (\sigma-1)/\sigma$，即

$$\frac{m\ (i)^{\rho-1}}{m\ (j)^{\rho-1}} = \frac{p(i)}{p(j)} \tag{3-5}$$

对任意组合 i 和 j，都存在 $m\ (i) = m\ (j)\ (p\ (j)\ /p\ (i))^{1/(1-\rho)}$。将其代入式（3-5）中的约束条件中，将会得到需求函数为：

$$m(j) = \frac{p\ (j)^{1/\rho-1}}{\left[\int_0^N p\ (i)^{\rho/(\rho-1)}\right]^{1/\rho}} M \tag{3-6}$$

将式（3-6）代入消费者对制成品的总支出为 $p(i)\ m\ (i)$ 中，求定积分总支出为：

$$\int_0^N p(j) m(j) di = \left[\int_0^N p\ (i)^{\rho/(\rho-1)} di\right]^{(\rho-1)/\rho} M \tag{3-7}$$

现在将式（3－7）中右侧与 M 相乘的那一项定义为价格指数，并记为 G，从而价格指数和数量组合即为支出。

$$G = \left[\int_0^N p(i)^{\rho/(\rho-1)} di\right]^{(\rho-1)/\rho} \tag{3－8}$$

那么，可以把 $m(j)$ 表达式写为：

$$m(j) = \left(\frac{p(j)}{G}\right)^{1/\rho-1} M \tag{3－9}$$

消费者需要解决的另外一个问题就是总收入的分配问题。因此，在收入假定的条件下，农产品和制成品的组合需求函数可表示为：

$$\max U = \max M^{\mu} A^{1-\mu}$$

$$\text{s. t. } GM + P_A A = Y \tag{3－10}$$

因此，对于农产品有：

$$A = (1-\mu) Y/P_A \tag{3－11}$$

对于每种制成品有：

$$M = \mu Y/G \tag{3－12}$$

最后得到消费者的效用最大的函数表示为：

$$U = \mu^{\mu}(1-\mu)^{1-\mu} G^{-\mu} (P_A)^{-(1-\mu)} Y \tag{3－13}$$

我们转向生产者方面的分析，首先假设农产品是完全竞争，以规模报酬不变的技术条件下进行生产。并将农产品在完全竞争的市场上进行出售，在前面假设中，农产品运输成本为零，因此在两个地区进行贸易时，不存在运输成本，即可以认定为一单位劳动力在生产过程中同样可以带来一单位的农产品。

首先，遵循新经济地理学的传统，由于收益递增的存在，消费者对产品存在多样性的偏好，致使每一个垄断竞争的厂商都会提供一种商品，进而实现均衡。但是在产品制造生产的过程中，不仅需要固定投入 F，还需要 α 单位的可变投入，即把劳动力看成可变投入。因此，生产产品的成本可以视为：$F + a_m x$。那么第 i 种产品生产者的利润函数为：

$$\pi = p(i)m(i) - w(F + am(i))$$

$$\text{s.t. } m(i) = \frac{p(i)^{1/\rho-1}}{\left[\int_0^N p(i)^{\rho/(\rho-1)}\right]^{1/\rho}} M \tag{3-14}$$

其次，基于柯布—道格拉斯生产函数的性质，为了获得利益最大化，消费者往往会将购买的商品进行区分，将收入中μ部分用来消费制成品，而收入的其余部分则用于消费农产品。

最后，为了获得效用最大化，消费者不得不在其消费的过程中不断地调整及优化支出，并在不同类的产品之间进行选择。在经济均衡的条件下，收入等于支出，并假设储蓄为零，即$Y=E$，那么对任何产品i的总需求可以设定为：

$$m(i) = \mu E\left\{p(i)^{-\sigma} / \left[\int_0^N p(i)^{1-\sigma} di\right]^{1/(1-\sigma)}\right\} \tag{3-15}$$

结合式（3-13）和式（3-14），建立拉格朗日方程，求导可得在利润最大化条件下，产品i的价格水平为：

$$p(i) = wa_m/\rho \tag{3-16}$$

在上述分析中，通过模型进一步分析产业集聚的一般机理，通过中心—外围模型中的“本地市场效应”与“价格指数效应”，解释了集聚形成的两种力量。接下来，基于对上述理论模型的介绍，进而通过均衡分析来探究金融集聚在经济增长过程中所起到的作用。

3.2.2 理论模型扩展

在空间经济学通常有三个模型可以探讨经济增长的问题，分别为全球溢出模型、局部溢出模型、资本创造模型。其中，资本创造模型为外生增长模型，而其他两个模型为内生增长模型，其中局部溢出模型更能反映出集聚对经济增长的现实效应。因此，本书结合局部溢出模型探讨金融集聚的经济增长效应。

基于上述中心—外围模型框架和局部溢出模型的数理推导分析，Baldwin、Martin 和 Ottaviano（2001）等把金融资本引入模型，该模型虽然与核心边缘模型相似，但其更多关注的是如何提高经济增长速度。

局部溢出模型遵循内生增长理论模型的基本逻辑，认为资本是经济增长的驱动因素，资本具有溢出效应，可以带来规模报酬递增。同时，局部溢出模型中还考虑了空间距离的作用，强调本地的资本溢出仅对本地经济有较大影响，而对其他地区的溢出作用会因空间距离的增加而有所减弱。另外，在修正的局部溢出模型中，允许资本在空间流动，因此，随着资本发生转移时，会带来溢出效应。

该模型假设经济系统包括两个区域（南部和北部）。金融资本具有内生创造性，在原有模型的基础上，引入金融部门。那么研究中主要部门包括农业、工业和金融业，基于前面的假设，同样需要劳动和资本两种生产要素。在对不同部门的假设中，工业部门和农业部门分别符合垄断竞争特征和完全竞争特征。同时，工业部门是规模报酬递增，而农业部门属于规模报酬不变。需要特别指出的是，农业部门通常生产的是同质产品，并只有劳动力一种生产要素。而且单位劳动能够生产单位农产品，最终的计价单位是以农产品为主，因为农产品无论在区域之间还是区域之内交易都是没有成本的。

3.2.2.1　增长效应对比分析

资本创造部门通过投入劳动创造资本。

$$F = w_L\alpha_I，\ \alpha_I = \frac{1}{K_W A}，\ A = S_K + \lambda(1 - S_K)，\ K^W = K + K^* \tag{3-17}$$

其中，F 表示创造单位资本的边际成本；w_L 表示单位劳动的工资；α_I 表示所需劳动投入；K_W 表示经济体总支出和总资本存量；S_K 表示北部地区空间产业分布情况。一般在短期均衡分析下，无论是消费者还是企业都想获得收益最大化。根据均衡结果的分析，在利润最大化的条件下，给定地区资本存量 K 市场实现出清。根据 LS 模型基本原理，企业利润最大化行为表现，我们可定义南北两区域的营业利润或资本收益分别为：

$$\pi = B\left(\frac{\mu E^W}{\sigma K^W}\right)$$

$$\pi^* = B^* \left(\frac{\mu E^W}{\sigma K^W} \right)$$

$$B = \frac{S_E}{S_K + \phi(1 - S_K)} + \frac{\phi(1 - S_E)}{\phi S_K + (1 - S_K)}$$

$$B^* = \frac{\phi S_E}{S_K + \phi(1 - S_K)} + \frac{1 - S_E}{\phi S_K + (1 - S_K)} \quad (3-18)$$

其中，π和 π^*分别代表不同地区的营业利润，π代表北部地区的利润，π^*则代表的是南部地区，S_K 代表的是北部地区空间产业分布情况，S_E 代表的是地区支出水平在总支出中所占比例，由于资本发生变化，北部和南部地区相对市场规模不同于全局溢出模型。消费者的需求弹性用 σ 表示。而 μ 则可以表示为制造业产品的支出份额；E^W 和 K^W 分别代表经济体总支出和总资本存量，经济系统中的总支出记为：

$$E^W = L^W + bE^W - (g + \delta) K^W a_I \quad (3-19)$$

根据对局部溢出模型的分析，在一般情况下，要实现经济增长的长期均衡有两种情况，一是在区域内实现均衡的增长，金融资源仍然在各自区域流动，并不存在区域间流动的状况，因此不同区域的资本增长率是相同的。二是核心—边缘结构均衡，即不是仅仅在区域间的金融资源流动，而是金融资源跨区域流动，但是中心区域往往占据了全部的金融资源，实现了金融集聚。通过上述均衡状态的分析，进而比较可知：

对称均衡条件下的经济增长：

$$g_{sym} = \frac{b(1 + \lambda)}{2} L^W - (1 - b)\rho - \delta \quad (3-20)$$

式（3－20）为对称均衡下的长期增长率，其中，$b = \mu/\sigma$，L^W 为劳动禀赋总量；ρ 为边际效用随时间递减速率。δ 用来表示每个时期资本品的折旧率。用 λ 反映要素在空间传播的难易程度，λ 越大，传播就越容易。

长期总支出：

$$E^W = L^W + \frac{2\rho}{1 + \lambda} \quad (3-21)$$

可见，长期资本的增长率与资本的空间分布无关。即在长期均衡的条件下，资本增长率是相同的。也就是说，空间因素的影响对资本生产作用不大，而在长期均衡的条件下，经济增长过程中所获得的收入更多来自于劳动禀赋等因素。

其次来看非对称均衡下的经济增长，核心在北部时的长期总支出为：

$$E^W = \frac{L^W - (g + \delta)}{1 - b} \tag{3-22}$$

此时的长期增长率为：

$$g_{cp} = bL^W - \left(1 - \frac{\mu}{\sigma}\right)\rho - \delta \tag{3-23}$$

式（3－23）正是北部核心地区长期均衡的增长率，说明资本都在北部地区集中，并与对称条件下的经济增长率相比较可知，此时的情况与 $\lambda = 1$ 相一致。如果所有的资本在一个地区内生产，且在传播过程中不会衰减。通过比较，对不同情况下的经济增长率为：

$$g_{cp} - g_{sym} = \frac{b(1 - \lambda)}{2} L^W \geqslant 0 \tag{3-24}$$

由结果可知，考虑了金融集聚因素以后的经济增长率的确高于对称条件下的经济增长率，即可以说明，金融集聚有力地促进了地区经济的增长。

3.2.2.2 增长效应分析

由前文分析可知，若金融集聚是金融资源不断地向某一个地区集中，必然会提高金融集聚区的增长驱动力，形成经济增长极。但同时，有可能对周边地区带来负效应，导致周边地区发展速度减慢，经济发展更加不平衡。

为了分析金融资源在两个地区流动过程中对核心区域的新资本生成和经济增长产生怎样的影响，需要在前文对称条件分析的基础上及在对称均衡点附近利用托宾 q 值理论进行分析。

$$q = \frac{v}{F} = \frac{\pi K^W A}{\rho + g + \delta} = \frac{bE^W AB}{\rho + g + \delta} \tag{3-25}$$

在对称点上实现均衡，$S_E = S_K = 1/2$，$B|_{sym} = 1$，$A|_{sym} = \frac{1+\lambda}{2}$，其中 S_E 为相对市场规模。

$$q|_{sym} = \frac{bE^W(1+\lambda)}{2(\rho+g+\delta)} \tag{3-26}$$

$$dq|_{sym} = \frac{bE^W}{\rho+g+\delta}(AdB + BdA)_{sym} = \frac{bE^W}{\rho+g+\delta}\left(\frac{1+\lambda}{2}dB + dA\right)_{sym} \tag{3-27}$$

$$dA|_{sym} = (1-\lambda)dS_k \tag{3-28}$$

$$dB|_{sym} = \frac{\Delta_{sym}dS_E - 0.5(1-\phi)dS_K}{\Delta_{sym}^2} + \frac{-\Delta_{sym}^*dS_E - 0.5(\phi-1)dS_K}{(\Delta_{sym}^*)^2}$$

$$= \frac{2(1-\phi^2)}{(1+\phi)^2}dS_E - \frac{2(1-\phi^2)}{(1+\phi)^2}dS_K \tag{3-29}$$

ϕ 为贸易自由度，把式（3－26）和式（3－27）代入式（3－25）得出：

$$dq|_{sym} = \frac{bE^W}{\rho+g+\delta}\left\{(1+\lambda)\left[\frac{(1-\phi^2)}{(1+\phi)^2}dS_E - \frac{(1-\phi^2)}{(1+\phi)^2}dS_K\right] + (1-\lambda)dS_K\right\} \tag{3-30}$$

由此得出：

$$\left.\frac{dq}{q}\right|_{sym} = \frac{2(1-\phi)}{(1+\phi)}dS_E - \frac{2(1-\lambda)}{1+\lambda}dS_K - \frac{2(1-\phi)^2}{(1+\phi)^2}dS_K \tag{3-31}$$

上式等号右边被分解为三项，分别代表金融集聚的需求关联效应、资本溢出效应和市场拥挤效应。

第一项说明北部地区的产业空间分布会引起支出所占总支出的比例变化，因此，如果 S_E 增大时，$2(1-\phi)/(1+\phi)>0$ 会带来 q 的增加，核心区通过集聚带来资本不断增加，实现金融集聚，金融集聚促进核心区扩大产出，产出扩大的同时带来支出的扩大，形成更大规模的市场，就是与需求相关的循环因果关系。

第二项说明金融集聚会带来资本溢出效应。若 λ 越小，那么 $2(1-\lambda)/(1+\lambda)$越大，空间距离缩小了资本流动的速度，本区域资本创造能力越强，溢出效应越明显，核心地区越具有吸引力，进而核心地区的产业份额也会增大。

第三项说明了金融集聚会带来市场拥挤效应。主要是指金融资本的扩散效应，也就是阻碍金融资本的集聚。若 $-2(1-\phi)^2/(1+\phi)^2<0$ 又使得 q 降低，金融集聚会引起区域内产业的竞争。核心区内资本创造速度减慢，金融资本有可能向周边地区扩散。综上所述，金融集聚存在经济增长效应，但是其效应的发挥受制于各种效应的综合作用结果，因此，还需要通过实证分析验证其在某一个层面的作用。

3.3 机理分析

上述理论模型分析是对金融集聚经济增长效应的机理描述，首先，区位因素、制度因素、信息因素、规模因素是金融集聚形成的基本条件，金融集聚形成后，可以通过人才信息、技术设备、物质资本等方面支持地区经济增长，良性互动、互为支撑的关系不断得到强化。金融集聚的经济增长效应的机理分析如图 3－1 所示：

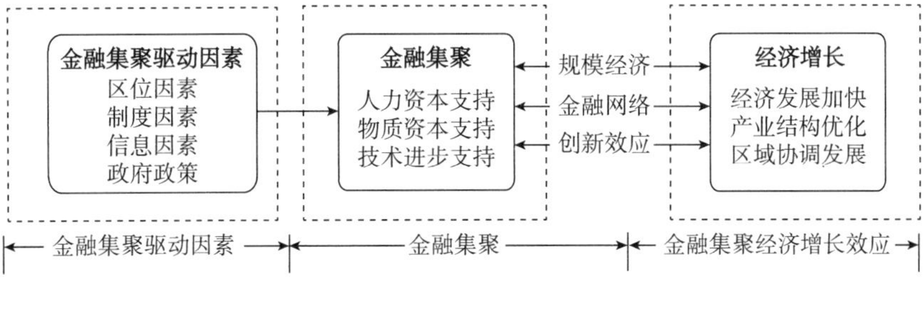

图 3－1　金融集聚经济增长效应机理示意图

随着金融集聚的形成，金融集聚的经济增长效应得以实现，但是金融集聚的经济增长效应过程中还存在间接因素。

3.3.1 金融集聚、规模经济与经济增长

规模经济是指在空间上产业的微观经济单位由于地理位置上的相互接近，共享信息、基础设施的同时降低成本并最终实现收益的增加。金融资源的空间流动方向集中于一定区域，随着金融资源的流动速度和规模的扩大，形成规模经济。从世界金融发展的历史可知规模经济的重要性，一些主要的发达国家能够在全球范围内推行金融霸权与他们金融业的规模经济发展有直接关系。这些国家和地区金融资源种类齐全、数量多、规模大，更容易形成规模经济，同时又由于金融资源的流动性强，更容易集中，进而带来规模效应，这也是金融集聚溢出效应得以实现的主要原因。金融集聚多是在某一特定区域集中后，通过完善金融体系、优化金融结构及金融资源配置，为投融资提供便利，形成规模经济。进而通过增强金融市场的流动性，降低投资风险，然后吸引各要素向该区域集聚。

金融集聚的规模经济主要体现在以下两个方面：一是直接作用于金融业自身。Park 将规模经济理论应用于分析国际银行业发展和金融中心的形成，并认为金融机构也是企业，同样遵循利润最大化的原则。随着金融集聚区内金融机构之间的交流和合作的增加，使得金融资源和金融机构不断向该集聚区集中，金融组织规模和从业人员数量不断扩大，逐步形成发达的劳动力市场，基础设施不断完善，专业化技能的集中、地方供应者和增加的消费者间的相互作用等形成规模经济，降低金融机构的各项成本，获得最大化收益，同时使金融机构之间建立更为紧密的合作关系。

二是金融集聚规模的实现有利于开展更多的合作项目和跨专业的合作关系。首先，银行间可以通过强强联合，提供和满足客户的不同需求。其次，随着各类金融机构的大量聚集，一些为金融机构提供服务的中介组织也会应运而

生，形成规模经济。再次，金融机构还可以利用自身的优势与其他金融机构互补，促进相互之间的合作，实现共赢，如银行业金融机构、证券公司和保险公司之间的合作。反过来，由于合作的顺利进行，会进一步促进金融机构的地理集中。最后，金融集聚形成的规模经济同样会对其他相关产业产生影响，进而推进和深化金融集聚。

3.3.2 金融集聚、网络效应与经济增长

金融集聚网络的构架是指金融集聚在自身发展的过程中，通过构建网络体系形成更大范围的影响，并因此获得额外收益。有关对金融网络效应的分析基于经济学家 Rohlfs（1974）提出的网络经济理论，随后被 Economides（1995）引入了纯经济学分析，并认为社会中的任何网络都存在网络效应。网络经济学研究理论认为，网络效应能否发挥作用的关键因素在于网络构建中参与者的数量规模，数量越多，其规模越大，形成的网络效应也会越发明显。

不同于传统的制造业，金融网络的构建对于金融业尤为重要。金融集聚的过程中会通过金融网络影响区域经济增长。具体到金融集聚网络效应分析上来，在金融集聚形成之前，金融企业均会搭建经营网络，便于各种信息交流、资金交流等，并且能够通过各自搭建的经营网络为自身产品服务提供支持。同时网络搭建有助于强化地缘优势，在该区域内形成多元化的网络空间布局。通过推动金融机构之间的竞争与合作，寻找到更多的金融网络结合点，再以金融集聚区为节点，整合为更大的金融网络，金融网络一旦形成，不仅有利于自身发展，在网络范围内对相关产业的影响也不可忽视。又由于地理上的集中，网络成为信息流动的最主要渠道，而金融集聚形成的重要因素之一就是信息自由充分的流动，与传统方式相比较，网络形成对信息的搜集和传递更方便，而且在传递过程中的各项成本大幅度降低。

因此，金融集聚对区域经济增长的影响途径主要是通过金融网络的构建，金融网络一方面指信息网络，通过在金融网络上更广泛地实现信息共享，节约

共享成本。同时金融网络的构建以现代技术手段为主要内容，信息网络渗透到城市各个方面，形成良好的市场交易环境，增加金融网络上每一个成员的交易机会，从而降低各自成本。例如，金融机构研究成本为 C，没有实现金融集聚前，信息需求者的数量为 N_1，提供信息的成本为 C_1，那么信息取得者需要支付的成本为 $(C+C_1)/N_1$，一旦金融集聚的网络形成后，信息提供方的成本就会随之下降，假设为零的话，信息提供者周围有信息需求的数量增加为 N_2，因此，信息需求者的平均成本在该区域内变为 C/N_2，很明显，成本下降。单个企业乃至整个金融网络的运营成本降低，运营效率却有所提高。

另一方面是以金融机构或个人消费者为节点，例如自助设备网点和物理网点等物理渠道，通过在金融市场对金融产品发生的各种管理、交易、监管等行为而形成的，为了发挥金融集聚带来的网络效应，在网络构建的过程中应该重点考虑金融网络节点的建设。一般而言，金融网络的节点主要是区域内的次级、三级城市。近年来，虽然北京、上海等地区成为我国重要的金融中心，但是一些省会城市逐渐成为区域金融中心，成为金融网络的重要节点城市，并对各自所处区域及相近区域的经济都起到了促进作用。

3.3.3　金融集聚、创新效应与经济增长

金融集聚通过不同路径可以影响经济增长，其中创新发挥的作用更为明显。首先，创新活动离不开金融业的支撑，离不开资金的支持，在金融集聚区内的金融机构和金融企业更容易获得资金。对于技术进步和知识、信息的扩散速度有很强的推动和扩散作用，因此金融集聚区内创新活跃度更高。由于地理距离的临近，金融集聚区内创新的发展对加快区域的技术进步，以及增强区域竞争优势等方面起到了重要作用。

金融集聚带来的创新不仅能够提高金融资源的利用效率，同时有助于金融企业提升自身的产品差异性。金融业本身并非是均匀布局的产业，在金融集聚发展的过程中，由于技术进步和知识溢出，有可能促进金融市场的规模形成与

竞争的加剧，从而获得额外的收益。

首先，由于创新系统的高效运转，金融集聚区往往汇集大量的研发机构以及有创新能力的企业，为创新活动提供专业平台支持和高效率的合作环境，便于创新成果不断扩散，提高自身区域的创新能力。在金融集聚区内，更容易掌握交易信息，使得信息交流充分。创新效应得以发挥与技术外溢有关联，金融集聚区内更容易将知识、信息等优势集中发挥作用，为创新提供基本条件。由于金融集聚区所创造的集聚环境对知识和技术的传播与扩散非常有利，可以更有效地获取竞争优势。金融集聚的创新效应之所以能够带来持续经济收益，得益于此。

其次，金融集聚区之所以更容易带来创新，与其发展的需求有关系，人力资源是金融知识和技术的运用者和传播者，大量高端人才是其必备的资源，并容易产生外溢效应，降低金融知识和技术传播过程中的学习成本，金融机构成员可以最大可能获得金融知识和丰富的创新资源。从另一个角度看，金融机构员工间可以通过“干中学”和“用中学”等手段去获得隐蔽性知识和技术信息，这种传播方式有助于问题的解决。更因为金融机构的地理邻近，便于不同金融机构之间相互沟通与学习。另外，由于金融机构在地理上的集中便于金融机构间的竞争，从而进行创新与改革。

最后，集聚区内集聚了大量金融机构及金融中介服务机构，他们通过业务合作，紧密联系，竞争意识强，既是竞争关系，又相互学习。通过创新产品、创新服务的环境下促使其进行跨行业的业务合作，迫使金融机构为各自的市场占有率而不断加快自身创新的步伐，从本来的资源禀赋优势发展为金融创新优势，为自身竞争获得优势。一方面，竞争会促使金融机构不断创新，加快金融创新的速度。另一方面，由于知识外溢效应，带来技术创新，当集聚区中某个金融机构在某个领域实现创新后，这一创新会很快被其他金融机构模仿，进而迅速被传播、共享“知识乘数效应”使金融集聚区内的金融机构能获得金融创新的区域比较优势，最终在创新的作用下不断推动区域经济增长。

3.3.4 金融集聚的自我强化与经济增长

金融集聚通过一个巨大的市场吸引力吸引新的部门进入集聚区，通过货币外部性降低区域之间的交易成本。首先，金融集聚容易形成规模经济，不断吸引金融资源流动至此，形成更大的金融规模以及扩散效应。随着金融集聚程度的提高，越来越多的相关企业受惠于规模效应。其次，通过构建自身的金融网络及金融创新带来的技术与知识的外溢作用，彼此互相影响，金融集聚的网络也随之扩大，金融企业之间的关系更加紧密，其技术交流与合作不断增多，有助于提高区域创新能力的同时，加强自身的竞争力优势，并最终促使区域技术创新的步伐加快。在金融集聚各效应发挥作用的同时，利用循环累积因果机制的自我强化，互相促进，最终对区域经济增长有正向影响。另外，各种途径之间并非孤立的，因此对经济增长的驱动不仅来自于某一个因素所起的作用，它们彼此之间存在关联，且共同发挥作用。若金融集聚按照此独特的发展模式发展下去，必将通过要素的配置及成本的降低，使得地区经济效益增加，区域经济得以增长。

金融集聚促使金融增长点的出现，不断地增强自身的发展。但是，随着金融集聚发展的同时，金融业总体规模趋近于饱和状态，并产生一种力量作用于其他地区，同时带动周边地区的金融业不断发展和完善，因此，周边地区有可能演变成新的区域性金融中心（见图3－2）。

金融集聚的经济增长效应是基于规模经济、金融网络及金融创新等传导机制下产生的，主要体现在如下两个方面：一是金融资本溢出，金融集聚地的资本向周边地区转移，为周边地区经济的发展提供了金融支撑。金融资源不断集聚，对核心地区经济发展不断进行补充。同时，由于空间的有限，相对富裕的资源必定会向相邻地区转移，在这个过程中，因规模经济和范围经济的作用，低成本、高效率的优势出现，在产品输出、资源流动等方面产生巨大的资金需求。金融集聚体现了资本累积过程中向投资转化的过程，有利于降低融资成本，为周边地区的相关企业提供融资便利，满足其对资金的更大需求，进而提高社会整体投资效率。

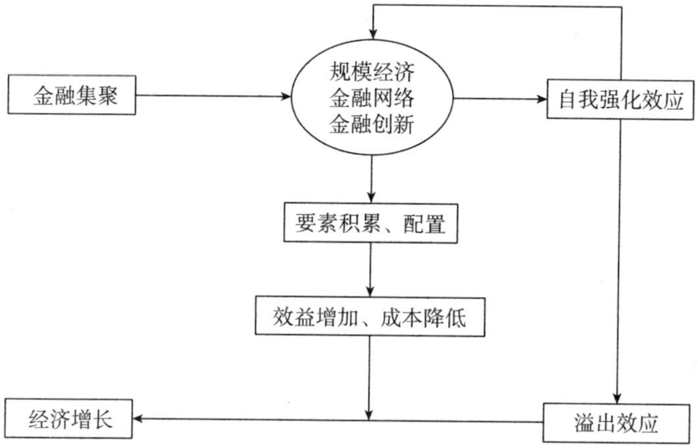

图3－2　金融集聚与经济增长的关系

二是金融集聚带来的信息溢出对经济增长的影响。金融资源不断转移并出现集中的趋势，在这一过程中更容易获得较为全面的金融相关信息，根据其信息获得的能力，使得金融交易具有更广阔的网络范围，通过技术手段进行传递，随着搜集和处理信息的能力逐步提升，金融机构集聚规模的不断扩大，共享信息带来的成本降低，最终对本地和周边地区经济形成促进作用。

同时，由于金融集聚有可能带来溢出效应，对相邻地区有重要影响，当资金、金融机构、金融人才、金融技术等金融要素开始转移，这意味着金融产业开始向周边地区分流和转移，便有可能出现新的金融集聚区。金融集聚形成后带来强大的融资便利，也会拓展经济发展的融资渠道、降低融资成本、缩短融资时间，加速经济增长的进程，推进区域经济增长的速度。

基于上述分析可知，金融集聚的经济增长效应的传导机制是在金融集聚形成后所带来的规模经济、金融网络及金融创新的传导过程中实现的。金融集聚对于经济发展的影响更多地体现在报酬递增和成本降低方面。金融集聚可以降低融资成本和交易成本，由于经济规模的外在性可能源于一种较大的市场需求，金融规模扩大，使得区域金融影响力增强。另外，可以提供便利的融资渠道，为本地区提供资金支持。金融集聚区吸引了国内外的金融机构、跨国公司相对优越的资金，汇集来自世界各地的金融、贸易、人才流和信息流，成为地区资金的集聚地。因此，金融集聚区（中心）加强了本地与国际市场的互动。

作为区域的核心，金融集聚区通过核心带动区域金融发展水平提高的同时带动了区域经济，实现了增长。总而言之，作为产业集聚的伴随物，金融集聚通过其规模、扩散、知识溢出以及自身金融功能的发挥等方式，带动金融集聚程度的提高，金融集聚的经济增长效应越发明显。

3.4 本章小结

本章通过对金融集聚经济增长效应机理的分析，以金融集聚变量为关键切入点，从而构建出金融集聚经济增长效应的理论分析框架。首先，基于局部溢出模型，将金融部门引入到理论模型内部，推导出金融集聚的经济增长效应。但是，金融集聚又会带来“市场拥挤效应”，由此可能会阻碍或弱化金融集聚对核心地区经济增长的促进作用。其次，对金融集聚的经济增长效应基于新古典经济增长理论，将金融集聚作为最重要的影响因素之一，引入到模型分析中，分析金融集聚对经济增长效应的直接作用。同时基于金融集聚逐步形成过程中所形成的规模经济，所构建的金融网络体系和派生出的金融创新活动并不是单独起作用，他们之间会相互影响和相互作用进而形成合力，并通过“自我强化”作用的发挥，对经济增长产生溢出效应，进而带动周边地区经济增长。因此，在厘清金融集聚的经济增长效应机理后，可为后续的实证分析奠定基础。

4 金融集聚的经济增长效应的空间分析

随着中国经济改革的深入，中国金融业经历着改革创新并支撑经济社会的发展。但是由于产业空间分布的特征，金融业内部的空间格局也在发生变化。作为一个区域层次多样化的国家，金融集聚同样也存在层次性、差异性。因此，在金融集聚逐步实现的过程中，首先分析金融集聚的空间演化过程及空间分布格局，并对金融集聚与地级城市经济增长之间的空间相关性进行分析和检验。

4.1 金融集聚空间演化过程

我国金融集聚现象在20世纪90年代逐步出现，金融业的发展水平对一个国家或地区而言是至关重要的。但是由于全球经济发展及阶段性金融危机的影响，金融发展并不是一帆风顺的，又因为我国金融资源分布的不均衡性及区域经济发展的不平衡性，金融业整体的空间布局差异化显著，因此金融集聚现象在我国也出现了典型的块状发展状态。

由于金融资源的逐利性特征，使得金融资源在空间流动态势较为明显，并存在非均衡性。从图 4－1 可知，自 1995 年以来，金融业发展保持稳步增长的态势，金融业增加值从 1995 年的 2798.5 亿元增长至 2014 年的 46954 亿元，增长了 16.8 倍，在 2007 年增长率达到 52.3%，由于受到金融危机的冲击，随后转为下降趋势，但是 20 年间年均增长率还是达到了 17.1%。金融业增加值是金融部门在一定时期内通过提供金融服务创造的价值总量，金融业增加值的快速增长在某种程度上体现了我国金融深化的过程，受宏观经济大环境的影响，虽然整体经济有放缓趋稳态势，但金融业发展的增速稳步上升，整体规模正在逐年壮大。

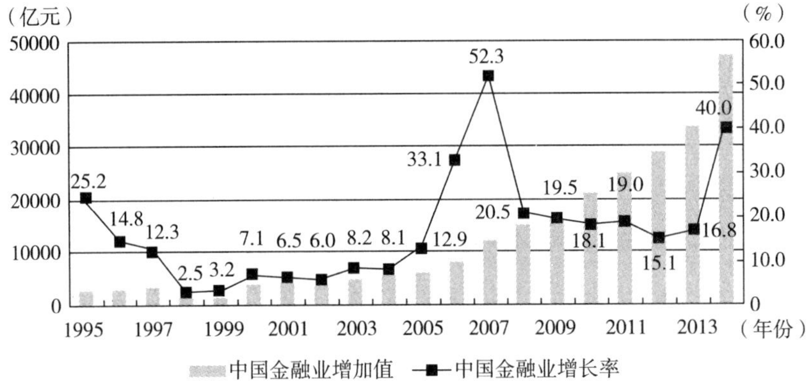

图 4－1　金融产业成长曲线

金融资源在时间与空间上可以进行不间断的运动，并出现集中趋势。既可以在国际范围内集聚，当然也可以在一个国家内部集聚，更可以在一国区域内集聚，并具有明显的多层次性。在世界范围内存在以伦敦、纽约、东京为代表的国际金融集聚点。在我国，如中国的北京、上海、深圳等经济发达城市的金融集聚现象也已凸显。但是由于我国地区经济发展过程中存在明显的差异性，因此区域层次性和不平衡性同样是金融集聚的典型特征。

因此，作为金融产业空间布局的重要载体，我国金融集聚的层次化、梯度化发展特征需要从时间和空间上同时进行分析，才能多角度地探析我国金融集聚在空间上的合理配置，进而有助于推动经济增长。

4.1.1 向发达地区不断增强

自改革开放以后，中国经济区域发展的层次性越来越明显，因此，金融资源与金融活动在区域间布局也是不均衡发展状态。无论在资本形成能力、融资能力方面还是在创新能力等方面都存在区域异质性。因此，东部地区是金融资源主要集聚地，这与我国经济发展的区域性特征不无关系。

4.1.1.1 四大经济区①金融业状况分析

金融业增加值较高可以说明金融业比较发达，由表4-1各区域的金融业增加值的变化可以看出，东部地区的金融业增加值以较快的速度增长，其他三个地区与东部地区有明显的差距，中西部地区发展的弱势与其基础薄弱有一定的关联。

表4-1 2005~2014年各地区金融业增加值 单位：亿元

年份	东部地区	中部地区	西部地区	东北地区
2005	4452.15	736.87	997.48	329.83
2006	5588.76	924.05	1158.63	418.62
2007	8488.55	1252.08	1515.06	560.46
2008	10237.50	1455.08	1901.51	648.10
2009	11897.21	2267.94	2856.39	968.57
2010	14301.39	2808.07	3378.79	1117.58

① 东部地区包括北京、天津、河北、上海、江苏、浙江、福建、山东、广东和海南10个省、直辖市；中部地区包括山西、安徽、江西、河南、湖北和湖南6个省；西部地区包括内蒙古、广西、重庆、四川、贵州、云南、西藏、陕西、甘肃、青海、宁夏和新疆12个省、自治区、直辖市；东北地区包括辽宁、吉林和黑龙江3个省。

续表

年份	东部地区	中部地区	西部地区	东北地区
2011	16849. 91	3424. 47	4313. 51	1314. 04
2012	19055. 40	4134. 02	5580. 60	1699. 11
2013	23802. 47	4929. 07	5443. 86	1990. 28
2014	28063. 3	6495. 57	6708. 62	2654. 6

资料来源：历年《中国区域金融运行报告》。

自2005年开始，金融业增加值在各个区域都呈现出递增趋势，区域间差异显而易见。金融资源集中于东部地区，增速较快。其他三个地区的总和不抵东部地区金融业增加的一半，2014年东部地区的金融业增加值甚至为西部和中部地区的4倍多，差距越来越大，在中国经济结构转变的过程中，即由工业主导向第三产业主导，作为第三产业的核心，金融业往往因为吸收的就业人数多、附加值高而被地方政府青睐，成为地方政府竞争的目标。经济发展水平高的地区吸引着丰富的金融资源，同时为当地提供充裕的资金，从而实现经济增长—金融发展—经济增长的良性循环。但是，这种差异化发展在短期内对地区经济有促进作用，但从长远来看，地区间的“贫富”差距扩大，对整个国家的经济发展是有害无益的。后续分析将从区域角度对不同金融行业的现状进行比较分析。

4.1.1.2　四大经济区不同行业分析

（1）银行业。在我国经济发展过程中，东部地区不论是资源禀赋、地理条件还是政策都优越于其他地区，已经呈现出较好的发展前景。金融集聚是指金融资源和金融机构集中的过程。从金融机构的聚集而言，几乎聚集了所有股份制商业银行和国有商业银行的总部，因此金融资源和金融机构更愿意在东部地区集聚也是合理的。

由表4－2所示，从银行业从业人员和资产总额的占比来看，东部地区远远高于其他三个地区。有数据显示，2014年中国银行业从业人员数已经达到了

表 4 - 2　2005 ~ 2014 年各地区银行业从业人员数占比及资产总额占比　单位：%

年份	东部地区		中部地区		西部地区		东北地区	
	从业人数占比	资产总额占比	从业人数占比	资产总额占比	从业人数占比	资产总额占比	从业人数占比	资产总额占比
2005	43	61	23	14	23	17	12	8
2006	45	63	24	14	19	15	12	8
2007	44	64	22	14	23	15	11	7
2008	44	61	22	15	22	16	12	8
2009	44	61	22	15	23	17	11	7
2010	44	60. 5	21	14. 8	23. 9	17. 5	11. 1	7. 3
2011	43. 7	60. 2	21. 3	14. 6	24	17. 9	11	7. 2
2012	44. 5	59. 5	21. 1	14. 9	24. 1	18. 6	10. 6	7. 1
2013	44. 1	58. 9	21. 2	15. 1	23. 9	19. 1	10. 8	6. 9
2014	45. 2	58. 4	20. 3	15. 3	23. 8	19. 3	10. 7	7. 0

资料来源：历年《中国区域金融运行报告》。

372. 2 万，比上年增长了 15. 5 万。而全国银行业的资产总额比上年增长了约 10%，达到 154. 7 万亿元，增长速度较快。再从比重上看，东部地区从业人员数占比和资产总额占比都远高于其他地区。截至 2014 年末，东部地区银行业从业人数和资产总额分别占全国的 45. 2% 和 58. 4%，而西部地区银行业从业人数和资产总额只占全国的 23. 8% 和 19. 3%。其他两个地区占比则更低，区域之间的差异非常明显。因此，无论是资产总额还是从业人员的规模，东部地区的金融资源的集聚优势在四大区域中都显而易见。

在中国，银行业的存贷款规模一直是其重要的组成部分（见表 4 - 3），从 2005 ~ 2014 年各地区金融机构人民币存贷款余额增速来看，各地区差异不是很明显，说明人民币存贷款的数额在各个地区分配相对均衡。之所以选取银行存款和贷款增速数额，是因为这一指标可以代表区域可用于投资的储蓄量和金融资金的总量实力。分区域来看，东部地区的存款余额的增速是递减的，而其他地区的存款余额为缓慢递增，自 2006 年开始，中西部地区的存款余额增速在部分年份甚至超过了东部地区。到2009年，各个地区都在这一年达到峰值，进而转成下降趋势，这与当时的金融危机有一定的关联。尤其是西部地区人民币存款增速连续9年超过东部地区，说明金融资源流动开始向其他地区有所偏移。但是仅从这一个指标并不能说明资源的流动方向有很大的不同。

表4-3 2005~2014年各地区金融机构人民币存贷款余额增速 单位：%

年份	东部地区		中部地区		西部地区		东北地区	
	各项存款	各项贷款	各项存款	各项贷款	各项存款	各项贷款	各项存款	各项贷款
2005	19.1	13.5	18.0	12.1	18.2	13.1	16.6	9.9
2006	16.0	16.0	18.0	14.0	18.0	16.0	14.0	12.0
2007	15.1	16.8	14.9	14.9	16.9	17.1	10.0	12.0
2008	19.6	15.7	22.4	12.3	25.6	18.8	20.1	11.7
2009	28.0	30.3	27.2	33.8	31.4	37.6	25.3	30.9
2010	19.3	19.0	21.5	21.2	22.3	23.1	18.4	19.3
2011	12.0	14.2	16.1	16.5	16.5	17.9	11.3	17.0
2012	12.6	12.5	17.6	16.5	18.2	17.8	14.8	14.4
2013	12.5	12.3	15.3	15.9	16.0	17.4	12.6	14.2
2014	8.0	10.2	20.3	15.3	23.8	19.3	10.7	7.0

注：各地区存贷款不含各商业银行总行直存直贷数据。

资料来源：中国人民银行上海总部、各分行、营业管理部、省会（首府）城市中心支行，历年《中国区域金融运行报告》。

再从2005~2014年末各地区金融机构本外币存贷款余额增速看，东部与其他地区也有一定的差距，说明外资更多地偏向东部地区。东部大部分地区为沿海开放区域，资源禀赋、基础设施及经济发展水平对外资有极强的吸引力。但从趋势上看，除东部地区呈现小幅下降，其他三个地区都呈现递增的趋势。而且各地区的存款和贷款增速比差不多，对于各区域内部而言，在2005~2014年，存贷款占比变化不大，属于适度的发展态势。以2015年为例，对各地区存贷款余额内部结构进行分析（见表4-4、表4-5）。

表 4-4 2005~2014 年末四大地区金融机构本外币存贷款余额增速分布

单位：%

年份	东部地区		中部地区		西部地区		东北地区	
	各项存款	各项贷款	各项存款	各项贷款	各项存款	各项贷款	各项存款	各项贷款
2005	61	61	15	15	16	17	8	8
2006	61	61	15	15	16	16	8	8
2007	61.2	61.3	15.0	14.8	16.3	16.6	7.5	7.3
2008	60.3	61.3	15.2	14.4	17.0	17.1	7.4	7.2
2009	60.2	60.9	15.1	14.5	17.4	17.6	7.3	7.0
2010	59.7	60.2	15.3	14.6	17.8	18.1	7.2	7.0
2011	59.1	59.4	15.6	14.7	18.3	18.8	7.0	7.1
2012	58.2	58.6	16.0	14.9	18.8	19.4	7.0	7.1
2013	57.6	57.7	16.2	15.2	19.2	20.0	7.0	7.1
2014	57.3	56.8	16.4	15.5	19.5	20.5	6.8	7.2

注：各地区存贷款汇总数据不含全国性商业银行总行直存直贷数据。

表 4-5 2015 年末四大区域金融机构本外币存贷款余额分布 单位：%

	东部地区	中部地区	西部地区	东北地区	全国
本外币各项存款	58.7	15.9	18.9	6.5	100
其中：储蓄存款	50.4	20.2	21	8.5	100
单位存款	63.1	14.1	17.7	5.2	100
其中：外币存款	81.3	5.5	9.5	3.7	100
本外币各项贷款	55.9	15.9	20.9	7.3	100
其中：短期贷款	59.1	15.9	16.6	8.4	100
中长期贷款	52.7	16.3	24.2	6.8	100
其中：外币贷款	76.2	6.8	12.1	4.9	100

资料来源：《2015 年中国区域金融运行报告》。

在区域分布的基础上，更加细化了各项存贷款的内容。在东部地区，外币的存贷款比重高于其他分类，而其他地区恰恰相反。东部地区外币存款占比达到 81.3%，外币贷款占比为 55.9%，几乎集中了全国的外资，远高于其他地区。在其他三个地区中，西部地区相对较高，但是区域差距不明显。

外资的存款更多地集中于经济较发达的东部地区，与前文分析较为一致。综上可见，仅从银行业的主要指标来看，中、西及东北地区的金融发展远远落后于东部地区，说明其他地区的经济、金融环境还亟待改善。

（2）证券业。与银行业相比较而言，我国资本市场尚不完善，证券业的发展在我国整体发展水平与发达国家都有一定的差距。2005 年是我国资本市场改革和发展取得进展的一年，同时也是我国股票市场的调整年。我国证券业经过多年的发展，在优化资源配置方面起到了重要的作用。仅从上市公司的数量中，就可以看到我国证券市场的迅速发展。

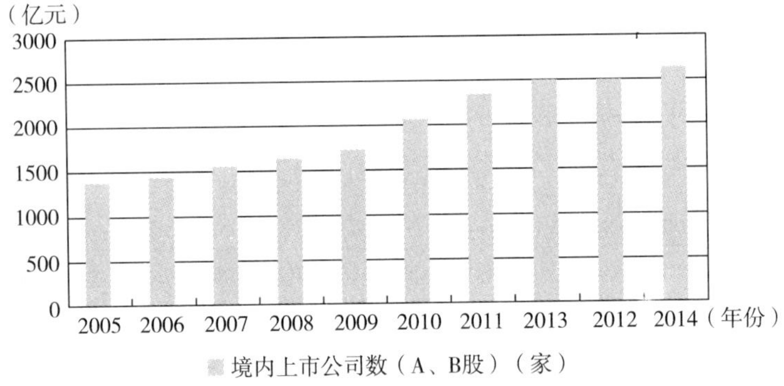

图 4－2　2005～2014 年中国保险公司保费收入

到 2014 年，虽然全球经济乏力，我国国内经济下行压力不断，即使在这样复杂严峻的形势下，我国境内上市公司（A、B 股）总数也已经达到了 2613 家，同上年相比继续增加。东部、中部、西部和东北地区境内各上市公司数量分别为 773 家、230 家、280 家和 114 家，占全国比重分别为 65.7%、14.3%、14.5%和 5.5%。

到 2014 年末，总部设在东部地区的证券公司，基金公司和期货公司数分别占到全国的 70%、93%和 72.4%。境内上市公司与境外上市公司数也占到全国的 66.7%和 84.8%。远远高于其他地区的比例。从募集资金量来看，证券市场筹资额增长较快。2014 年，各类企业和金融机构在境内外股票市场通过发行、增发、配股、权证行权等方式累计筹资 7059.6 亿元，较上年增长 82.6%。分地区看，东部地区和东北地区 A 股筹资额占全国比重较上年分别上升6.7个百分点和0.9个百分点，中部地区和西部地区与其比较分别下降2.4个百分点和5.2个百分点。从上述分析可知，我国区域资本市场发展程度的差异比较大，主要因为我国四大区域经济发展的层次性明显，这也是我国除东部地区以外地区经济发展落后的根源所在①。

（3）保险业。近年来，虽然国民经济有所放缓，尤其是经济危机之后，中国民众的保险意识逐渐增强，保险业发展较快。随着市场化改革的深入，人民生活水平的提高及外部环境的改变，中国民众逐步认识到保险对经济社会的服务能力和保障能力的作用。根据保监会最新公布的统计数据显示，测算出2005年的保险密度为379元/人，保险深度为2.7%，而截至2014年底，这一指标已经发生较大变化，全国保险密度为1479元/人，保险深度为3.18%。虽然指标变化较大，但是与世界平均水平及发达国家相比仍然有较大的差距。

从图4-3中国保险公司收入可知，截止到2014年，保险行业累计保费收入达120338.27亿元，同比增速达17.5%，增速逐年加快，保费收入上升势头迅猛。

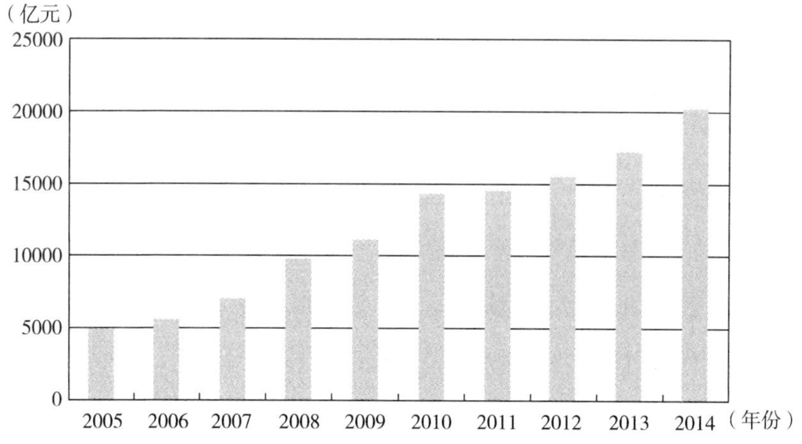

图4-3　2005~2014年中国保险公司保费收入

① http：//www.chyxx.com/industry/201601/377141.html.

表 4-6　2015 年末四大区域保险业分布　　单位：%

项目	东部地区	中部地区	西部地区	东北地区	全国
总部设在辖内的保险公司数	86.8	4.4	4.9	3.9	100
其中：财产险经营主体	74.6	8.5	9.9	7.0	100
人身险经营主体	92.5	2.5	2.5	2.5	100
保险公司分支机构	45.7	19.6	23.8	10.9	100
其中：财产险公司分支机构	44.9	18.5	26.1	10.5	100
人身险公司分支机构	46.3	21	21.3	11.4	100
保费收入	53.7	19.1	19.1	8.1	100
其中：财产险保费收入	54.2	17.9	21.3	6.6	100
人身险保费收入	53.5	19.6	18.0	8.9	100
各类赔款给付	54.2	18.9	19.3	7.6	100

资料来源：各省（自治区、直辖市）保监局，中国人民银行。

截止到 2014 年末，全国保险法人公司有 178 家，分支机构有 1585 家。保险增长速度快，2014 年保险统计数据报告显示，保险业总资产达到 101591.47 亿元，较年初增长 22.57%。这是保险业总资产首次突破 10 万亿大关，净资产达到 1.3 万亿元。同年，保险业的保费总收入首次突破 2 万亿元，同比增长 17.5%。总资产在 2014 年末突破 10 万亿元，同比增加 56.4%，发展速度较快①。

综合数据表明，金融资源在不同行业都表现出相似的发展态势，即向东部核心区域集中，说明金融资源和金融活动的集聚与经济发展程度有关联。金融机构的集聚既是地理位置上的接近，便于参与到金融活动之中，也有利于共享信息，使得信息交流更加充分，便于实现规模经济。然而，目前我国金融业发展仍比较单一，银行业占了绝对比重，尤其在证券业与保险业相对于银行业发展较慢，而且区域之间的差异更为突出。以上从金融业的不同行业发展的区域比较中可以发现，金融集聚现象在我国区域层面表现为梯度差异，即金融资

① http://www.chyxx.com/industry/201609/451373.html.

源、金融要素更倾向于向东部发达地区集聚。

4.1.2 向中心城市不断强化

金融资源在地理区域发展的层次性比较明显，在集聚的过程中，不断地向某一个区域的中心集中，这个集中点往往是经济发展程度较高的城市。因为城市本身就是要素的集聚地，各种优质要素都会向城市集中，金融要素同样会选择向城市集中，因此，城市成为金融集聚的首选地。

金融资源在集中的过程中，一方面可以借助城市其他要素资源优势，不断吸引金融资源，形成更强大的集聚趋势，促进地区经济发展。另一方面通过中心城市的资源，借助现代信息传递等手段，渗透到周边地区，以“以点带面”的方式，影响周边地区的经济发展，并有效推动邻近城市的经济发展。近年来，由于城市资源聚集的速度较快，金融机构的数量不断上升，金融市场活动也日益活跃。

基于前文的分析，无论是从区域角度还是从行业角度，我国金融业在区域上集中的特征很显著，东部仍然是我国金融业的主要集聚地。同时，随着金融业的发展，金融资源开始不断向中心城市集聚。各城市开始强化金融中心的重要性，北京借助于其政治中心的地位，成为金融机构总部首选地。而上海作为中国经济发展的前沿城市，成为金融市场的集聚地。各省会城市和经济发达的沿海城市也凭借着大量的金融机构和丰富的金融资源的聚集，成为各区域金融聚集的中心。

为了更加突出城市作为金融资源集中的场所及区域金融集聚态势的差异，考虑到各城市的经济及金融发展水平，中国综合开发研究院课题组（中国·深圳）发布的中国金融中心指数报告（CDI）第七期，分别以通常选择的金融产业绩效、金融机构实力、金融市场规模和金融生态环境四个方面要素，构建出我国金融中心竞争力的多因素评价模型，并选择出各个区域的有代表性的中心城市。主要包括省会城市及沿海城市等，经济发展程度相对较高及在行政地位上也有较大优势的大中城市，共计 31 个。衡量了这些城市金融集聚的竞争实力，同时兼顾其所在区域的代表性。各城市综合竞争力指数及排名如图 4 –4 所示。

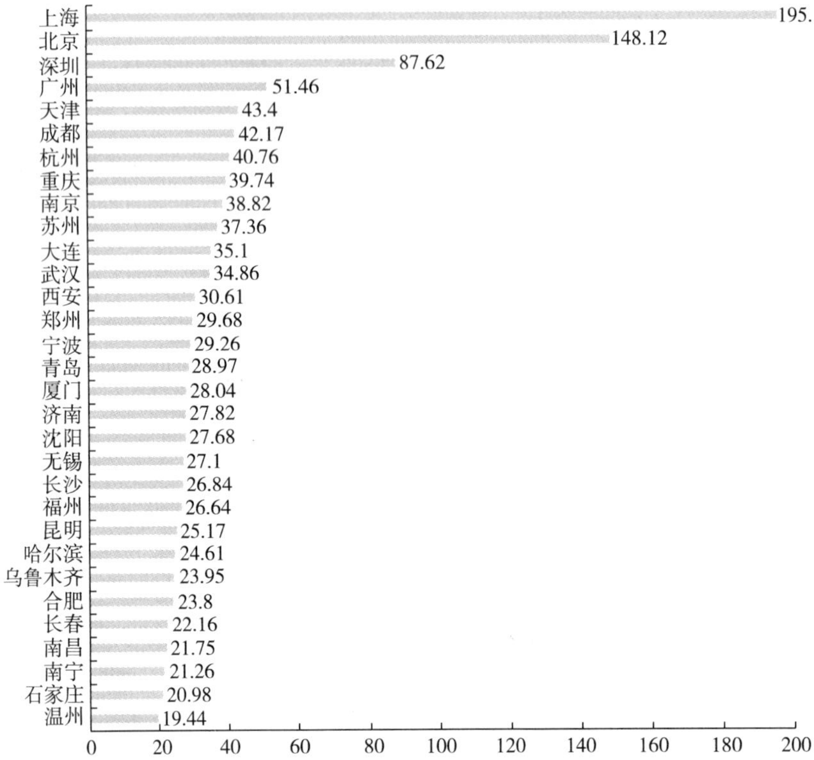

图 4 –4　CDI CFCI 综合竞争力排名

上海、北京、深圳等城市已经具备良好的发展前景，吸引着国内外的金融资源流动到该地区，并且已形成集聚效应。各省会城市是行政区的政治中心，集聚着各类经济活动的权利部门，而东南沿海地区的城市如广州、厦门、福州、南京、苏州、杭州、宁波、温州、无锡等城市在各地经济发展过程中已经成为典型的区域性金融中心。沿海发达城市由于经济发展较好的优势，具有很强的吸引力，集聚各自省区的资源。其他地区的城市虽然金融发展规模与相对发达的东南沿海城市有差别，但是也都成为各自区域的金融增长极或金融支点。

排名靠前的城市仍然是上海、北京和深圳，其指标数值与其他城市相差甚多。同位于长三角的城市如杭州、南京、苏州、宁波、无锡和温州，虽说从全国来看，都是金融业竞争力较高的城市，但是彼此间的差距仍很大。西部地区的重庆、成都、西安、南宁、昆明和乌鲁木齐是不多的在金融业发展方面较好的西部城市，但是大多为省会城市。与过去相比，已经出现较好的发展态势，但是其在金融业发展综合方面还需提高。对我国金融业发展竞争力有较好优势的城市进行区域划分，如表4－7所示。

表4－7 中国区域金融集聚区城市

区域	金融集聚城市
东部地区	上海、北京、深圳、南京、苏州、杭州、宁波、温州、无锡、广州、厦门、福州、天津、石家庄、济南、青岛
西部地区	成都、西安、重庆、昆明、南宁、乌鲁木齐
中部地区	郑州、武汉、长沙、合肥、南昌
东北地区	哈尔滨、长春、沈阳、大连

资料来源：根据《中国深圳综合开发研究院：中国金融中心发展纵览》修改整理。

这些地区金融机构、金融市场和金融业务更是以集中化趋势发展，同时也带动了周边地区的金融资源的活跃度，金融集聚的“马太效应”愈加显著。北京、上海和深圳相对于其他城市而言，不仅是我国最发达的城市，同时还是我国三大主要经济区环渤海经济区、长三角经济区及珠三角经济区的核心城市。因此，对各自所在地区的经济发展，甚至全国的经济增长都发挥着重要的带动和辐射作用，并形成了更为复杂的金融网络。由此对这三个代表性城市的金融集聚状况进行简要阐述，为其他城市金融集聚发展提供思路。

4.1.2.1 北京市的金融集聚状况

北京在2002年就已经明确提出发展首都金融业的概念。目前，北京金融机构数量约有1145家，其中有外资金融机构约有229家，达到了60%以上，“金融总部经济”的格局已经呈现，金融机构的数量优势正是北京金融集聚的竞争点，金融业已成为北京经济快速发展的引擎。由表 4 - 8 可知，截止到 2015 年末，北京市金融机构（含外资）本外币存款余额 128573 亿元，与年初相比，增加了 15248.7 亿元。本外币贷款余额达到 58559.4 亿元，比年初增加 4822.1 亿元，增加额比上年多 929.8 亿元。金融机构存款总量的不断增加，带动了金融规模不断扩大。

表 4 - 8　2015 年末北京市金融机构（含外资）本外币存贷款余额

单位：亿元

指　标	年末数	比年初增加额	增加额比上年增减
各项存款余额	128573.0	15248.7	-246.6
其中：人民币	123767.4	15328.3	552.5
其中：住户存款	26740.6	1434.5	96.6
非金融企业存款	43861.7	5472.9	4257.3
各项贷款余额	58559.4	4822.1	929.8
其中：人民币	50559.5	5021.2	1938.1
其中：短期贷款	16392.0	1301.2	-18.7
中长期贷款	30946.7	2630.9	-23.0
票据融资	2379.0	5246.0	-230.0
其中：个人消费贷款	8915.9	1714.9	692.3

资料来源：《2015 年中国区域金融运行报告》。

再看证券业发展状况，首批进入中国的 5 家外资证券交易代表处和外资法人保险公司都聚集在北京。

2015 年证券市场各种证券交易额达到 597169.7 亿元，比上年增长 64 倍（见表 4 - 9）。与 2005 年相比，规模变化非常之大。股票交易额从 2005 年的 4343.65 亿元增至 2015 年的 305252.9 亿元，增长近 70 倍，债券成交额也增长了 40 倍。证券市场累计开户数与 2005 年比较，增加了 589 户。同期，北京 A 股上市公司数量仍然领先全国。截至 2015 年末，北京新增 A 股上市公司 29 家，总量达到 265 家，“新三板”挂牌公司 5129 家，同比增长 226%；总股本达到 2960 亿股，同比增长 340%；总市值 2.5 亿元，同比增长 43.5%。

表 4-9 2005~2015 年北京证券市场交易额情况 单位：亿元

年份	证券市场交易额	股票交易额	基金交易额	债券交易额	年末证券市场累计开户数（万户）
2005	9322.49	4343.65	91.30	4567.28	169.83
2006	19557.06	14851.55	298.27	2075.20	189.37
2007	97978.66	77487.83	1534.96	2060.09	314.92
2008	62773.56	46231.27	1389.37	4052.52	373.62
2009	92148.02	783639.50	2253.54	1791.32	426.10
2010	87575.38	79843.07	1714.94	3384.28	475.14
2011	79103.13	61743.17	1494.81	15275.31	521.53
2012	85412.95	44993.38	2355.87	37388.61	551.50
2013	145932.74	61596.27	4104.79	69625.37	563.61
2014	232318.56	85714.54	7311.67	110657.53	587.47
2015	597169.7	305252.9	—	182495	758.8

资料来源：根据《2006~2015 年北京统计年鉴》整理。

另外，保险市场的规模变化也非常明显，2014 年的原保险保费收入从 2005 年的 498.2 亿元增至 1403.9 亿元，是 2005 年的 2.8 倍。其中，财险保费收入达到 344.7 亿元，全年保险赔付支出 506.6 亿元，人身险保费收入 1059.2 亿元①。综上分析可得，金融资源在北京集聚态势明显。

4.1.2.2 上海市金融集聚状况

从全国范围来看，东部沿海区域经济占据了重要的地位，与北京不同的是，上海作为东部地区的核心城市，金融市场发展迅速，是金融市场的主要集聚地，并于 1990 年就明确了金融业是其支柱性产业，同年第一个国家级金融贸易区——陆家嘴金融贸易区在上海浦东落成，标志着我国金融市场体系的起步，基本形成了陆家嘴金融集聚的雏形。2009 年国务院正式颁发文件，确定上海将建设成为国际金融中心，经过“十一五”时期的整合发展已基本成型。

① 2015 年《北京市国民经济和社会发展统计公报》。

上海国内外的金融联系也十分广泛，金融枢纽地位相当明确。金融业的比较优势和示范效应对长三角地区以及全国有重大意义，具备较强金融资源配置能力及全球性金融市场地位的上海金融业已成为拉动地区经济增长的重要力量，并提出了明确的发展目标，即加强与世界发达地区的金融合作，从而逐步将自己打造成全球金融中心之一。

从表4－10可知，上海市中外金融机构本外币各项存款余额为73882.45亿元，比年初增加4612.96亿元，贷款余额为47915.81亿元，比年初增加3424.23亿元，各项指标均为上升趋势，随着金融发展规模的日益扩大，其作为国内金融中心的地位不断巩固。截至2015年末，上海金融机构总数达1478家，在沪各类外资金融机构总数达429家，占上海金融机构总数的30%左右。目前，已有300多家境外金融机构进入上海，与央行上海总部签署代理债券投资协议的境外央行类机构达37家。

表4－10　2014年上海中外资金融机构本外币存贷款情况　单位：亿元

指标	绝对值	比年初增减额
各项存款余额	73882.45	4612.96
#单位存款	44149.12	2597.06
个人存款	24057.05	959.70
各项贷款余额	47915.81	3424.23
#短期贷款	13412.75	－413.54
中长期贷款	28451.63	2568.66
#人民币个人消费贷款	8753.46	920.84
#个人住房贷款	6258.86	575.60
汽车消费贷款	1524.11	245.85

资料来源：《2014年上海市国民经济与社会发展统计公报》。

上海金融业发展的又一特征表现在证券业的优势，截至2015年末，作为全国最大的证券交易所和期货交易所所在地，各类有价证券总成交金额达到了128.15万亿元，股票筹资3962.59亿元，成交金额也已经达到37.72万亿元。上海证券市场公司债2955.2亿元。金融市场交易总额达到786.66万亿元，比上年增长 23.2%。在保险市场上，全年原保险保费收入 986.75 亿元，比上年增长 20.1%。全年保险赔付支出 378.66 亿元，增长 25.4%[①]。

但是，现在国内主要金融机构的总部都位于北京，作为东部地区“龙头”的上海，不仅要努力成为具有国际影响力的金融中心和投融资场所，更要抓住一切有利机会发挥其对周边地区经济的辐射作用。

4.1.2.3 深圳市金融集聚状况

深圳凭借比邻香港的区位优势，成为我国第一批经济特区，金融业是深圳增长速度最快的支柱产业，更成为其巩固市场核心地位的重要因素。除了国有商业银行，其积极发展股份制商业银行和保险公司等金融机构。通过优惠政策吸引外资金融机构入驻，随着 1991 年深圳证交所成立，深圳的金融市场体系逐渐完善，已逐步成为全国重要的金融集聚地。

截至 2015 年末，深圳市国内金融机构人民币存款余额 51806.18 亿元，与 2014 年相比，国内金融机构人民币贷款余额 27129.99 亿元，分别比年初增长 16.2% 和 19.0%。金融业增加值也是各支柱产业中增加最快的，达到 2542.82 亿元，比上年增长 15.9%（见表 4－11）。

表 4－11 2014～2015 年深圳市国内金融机构人民币存贷款及增长速度比较

指标	金额（亿元）		比年初增长（%）	
	2014 年	2015 年	2014 年	2015 年
国内金融机构各项存款余额	32497.75	51806.18	8.9	16.2
其中：单位存款	19609.49	9429.42	12.4	5.7
个人存款	9974.01	16451.54	7.4	29.7
国内金融机构各项贷款余额	22671.10	27129.99	13.7	19.0
其中：短期贷款	6211.50	10832.66	14.5	37.4
中长期贷款	14658.33	15979.83	11.3	9.8

资料来源：《深圳市国民经济与社会发展统计公报》（2014，2015）。

① 2015 年《上海市国民经济和社会发展统计公报》。

在证券市场上，深圳市2015年上市公司达到1746家，比上年增加128家，增加的速度呈上升趋势。上市股票也已有1784只，增加127只，其中，A股1735只，增加129只，B股49只，减少2只。总发行股本12779.28亿股，增长31.6%，总流通股本9625.60亿股，增长30.5%。上市公司市价总值236110.00亿元，增长83.6%。全年证券市场总成交金额1361051.31亿元，增长206.1%。其中，A股总成交金额1223606.57亿元，增长234.1%；B股总成交金额1343.43亿元，增长157%。总成交股数69337.80亿股，增长125%。上市公司流通市值163797.56亿元，增长72.2%。与上海证券交易所不同的是深圳证券交易所拥有中小板和创业板，因此，为了服务中小企业，深圳集聚了大量小规模的金融机构。

深圳的保险业同样具备良好的发展态势。全年保险机构原保险保费收入647.55亿元，比上年增长18.0%。其中，财产险214.55亿元，增长3.7%，人身险433亿元，增长26.7%。各项赔付支出176.74亿元，增长125%。其中，财产险业务支出104.53亿元，增长3.4%，人身险业务支出72.21亿元，增长32%。深圳作为珠三角经济区的核心城市，在金融业的发展上仍然有较大的突出优势。

基于上述分析，上海、北京与深圳作为金融要素集聚的第一梯队的三大城市，金融资源的集聚不仅体现在传统业务，如银行存贷款数量、保险费收入规模等，还有许多金融业务集中于此。例如，货币市场、外汇市场、黄金市场、资本市场和期货等。因此其在我国金融发展领域中的地位强于其他城市，并同时体现出这三大城市作为金融集聚中心的发展潜力。而其他城市暂时只能作为区域性金融中心，实行差异化的发展战略，共同促进区域经济快速发展，协调合作，共建共赢。

鉴于金融的集聚特征，无论是全球层面、区域层面还是城市层面，金融集聚最终还是要落户在城市内部。由前文可知，并不意味着其均衡分布于城市之中，因此金融集聚的空间表现是向某一核心地区集中。金融资源集聚受种种因素的影响，更多情况下在城市中会高度集聚于中央商务区内。

科菲（1996）认为金融业已经成为城市的核心产业，市中心和 CBD 已然成为金融业首选的聚集地。金融集聚的集中地点是大城市的某一个或若干个点，并通过这个核心点带动城市经济发展，进而带动整个区域的经济发展水平。

随着金融业在世界大都市内部的中央商务区集聚发展的不断加强，这些核心区内出现了一系列的金融集聚区和集群区，成为金融集聚的核心载体。这种变化使得城市内部功能结构和城市经济发展得到优化和提升。众所周知，世界级的金融机构总部及分支机构都云集于大都市，更倾向集聚于该城市的某一区域，例如，纽约的曼哈顿、英国的大伦敦区、东京的银座、新加坡的中心区，还有我国香港的中环、上海的浦东新区陆家嘴金融贸易区、北京首都国际金融区等。

尤其是上海的陆家嘴金融贸易区，作为上海的金融中心，以发展金融、贸易、信息和咨询等第三产业为主，至 2015 年底，面积仅 31 平方公里的陆家嘴内已聚集 8 家国家级要素市场、435 家中外金融机构、70 多家外国公司总部和 5000 多家贸易、投资和中介服务机构，同时也是我国金融机构集聚程度和水准最高的地区之一。在此地，集中了中外各大金融机构和国际跨国公司总部，也是我国最发达的要素市场。无论是区域流量经济总量和 GDP 贡献值在全国的金融中心都名列首位。证券、期货等金融要素市场也都齐聚陆家嘴，证券市场交易额单项指标已经超越我国香港和新加坡中心区，居全球第三位，陆家嘴金融贸易区代表着我国金融集聚的发展方向。

在中国的首都北京，国家级金融管理中心引世人注目，北京金融街占地 1.18 平方千米，是北京金融产业功能区，集中安排国家级银行总行和非银行机构总部，并在此聚集了一行三会等监管部门。国际上大型的金融机构和国企总部选择金融街作为其落脚点，说明其国际化程度也在不断提高，在全国，北京是中国经济增长最快的地区之一，而北京的金融街是高端产业集聚地，同样是创造最大价值的地区。

与此同时，随着金融发展的推进，中国各经济区域开始推出金融区，南京的建邺金融区、郑州的郑东新区金融区、重庆的两江新区金融中心和天津的滨海金融区等成为了金融业新的集聚点。

因此，无论从区域层面、省级层面、城市层面还是城市内的中心区域而言，金融集聚的发展态势与经济发展水平相呼应。但是与国际金融中心相比，其层次性、梯度性、差异性仍然存在。

4.2 金融集聚的空间分布格局

关于金融集聚的判定方法在前文已有论述，衡量指标主要采用区位熵指数。在金融集聚度测算的基础上，为了更清晰地描述其空间分布特征，利用Geoda和Arcgic空间数据图形分析工具，逐一将所得数据进行标注，并通过地图予以展现（毕秀晶，2013；潘峰华，2007）。

前文对金融业总体布局的分析已显示出金融业的空间分布特征，由于金融资源自身流动性较强，空间上的非均衡特征显著，这一特征会影响到我国经济活动的空间运行。因此金融集聚的空间分布特征的差异和趋势对于分析整体经济活动的空间分布有重要意义。基于金融业发展的总体态势及金融市场的规模，我们发现在市场力量作用下金融资源向东部沿海地区集聚的现象尤为明显，促使东、中、西部和东北地区之间的差距逐渐扩大。

在经济社会，金融资源会按照市场规则进行资源配置，从而达到最优效率的配置状态。然而金融集聚必定对金融资源有强大的吸引力，同时带动地区经济发展速度的提高；反之亦然。但是金融集聚的形成过程是十分复杂的，不仅有金融因素，还有经济因素、地理因素等。因此，为了更深入地分析金融集聚的空间分布规律，可以依据中国金融中心指数，选择国内排名靠前的 31 个城市作为研究样本，用来分析和测度不同城市的金融集聚度，同时选择国内有代表性的 30 个省份作为样本，用来分析和测度不同省域的金融集聚度。然后，再根据所选择的样本省份和样本城市的地理位置，将相关省份和城市分别划归到东部、中部、西部及东北四个区域，进而用其来测度国内不同区域的金融集聚程度。利用 2005 ~ 2014 年相关统计数据，运用区位熵指数就可对不同地域层面的金融集聚度进行测算和比较，相关测算结果如表 4 – 12 至表 4 – 14 所示。相关数据指标来源于国家统计局网站、国研网统计数据库、中国金融中心指数报告，部分数据经过整理。

4.2.1 金融集聚总体分布格局

表 4 – 12 按东部、中部、西部和东北四大区域的区位熵的平均值来表示各区域的金融集聚程度。

表 4 – 12 2005 ~ 2014 年四大区域的金融集聚度平均值

年份	东部地区	中部地区	西部地区	东北地区
2005	1.8482	0.911167	0.906727	1.174
2006	1.9283	0.921833	0.897909	1.061
2008	1.9426	1.0125	0.857636	1.214333
2009	1.9432	1.004	0.861636	1.174333
2010	2.027	0.985167	0.874273	1.194333
2011	1.9956	0.9725	0.864364	1.204333
2012	2.0209	0.9565	0.874	1.202333
2013	2.0235	1.042333	0.914727	1.270667
2014	2.0922	1.020833	0.885818	1.287

资料来源：根据《中国统计年鉴》（2006 ~ 2015）、中国国家统计局网站数据整理计算。

东部地区的金融集聚度一直处于上升趋势，并且远远高于 1，到 2010 年达到了 2.027。而西部地区的区位熵平均值一直处于 1 以下，变化较为平稳，集聚趋势并不显著。而中部地区金融集聚程度略高于西部地区，一直在0.9～1.04徘徊，在2013年达到最高值1.0423。而东北地区涉及省份较少，近年来金融集聚程度变化不明显，发展趋势较为平缓。

从图4－5更容易看到四大区域金融集聚程度的差别。东部地区的金融集聚程度远远高于其他地区，东北地区的金融集聚度呈现平稳发展趋势。2007年以前，西部地区与中部地区金融集聚水平相当，此后，中部地区金融集聚度逐步超过西部地区，说明金融资源在转移过程中，从东部向中部再到西部地区推移。

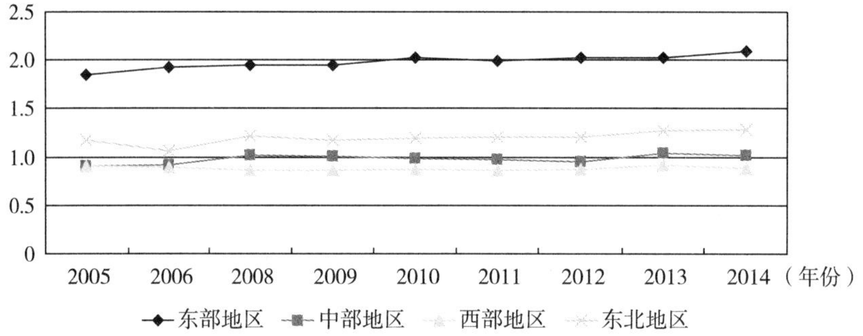

图4－5　四大地区金融集聚度平均值

为了进一步分析金融集聚在四大区域之间的差距，基于数据的可获得性，同时方便比较，仍然选择国内外较常用的指标，利用区位熵计算2005～2014年中国各省金融集聚度。具体数值如下：

表4－13　2005～2014年中国各省份金融集聚度

年份 地区	2005	2006	2007	2008	2009	2010	2011	2012	2013	2014
北京	3.568	4.096	3.626	3.153	3.357	3.501	3.335	3.580	4.186	4.526
天津	1.959	1.868	1.745	1.726	1.667	2.161	1.531	1.415	1.366	1.386
河北	1.086	1.078	1.063	1.647	1.619	1.625	1.583	1.558	1.787	1.896
山西	1.144	1.211	1.308	1.583	1.517	1.463	1.560	1.605	1.661	1.606

续表

年份 地区	2005	2006	2007	2008	2009	2010	2011	2012	2013	2014
内蒙古	0.805	0.809	0.764	0.493	0.519	0.516	0.490	0.497	0.520	0.528
辽宁	1.914	1.793	1.830	2.197	2.030	2.040	2.196	2.173	2.218	2.265
吉林	0.876	0.730	0.804	0.546	0.560	0.589	0.614	0.640	0.762	0.789
黑龙江	0.732	0.660	0.677	0.900	0.933	0.954	0.803	0.794	0.832	0.807
上海	3.394	3.947	4.258	3.549	3.445	3.508	3.805	3.838	3.139	3.299
江苏	1.009	1.010	0.972	0.964	0.951	0.916	0.920	0.896	0.926	0.955
浙江	1.239	1.303	1.198	2.067	2.074	2.085	2.108	2.295	2.261	2.255
安徽	0.635	0.632	0.608	0.796	0.818	0.766	0.732	0.727	0.866	0.836
福建	1.099	1.041	0.958	1.056	1.119	1.149	1.075	1.054	1.099	1.098
江西	0.792	0.776	0.696	0.899	0.965	0.981	0.902	0.795	0.852	0.845
山东	1.000	0.851	0.971	1.146	1.191	1.169	1.123	1.024	1.045	1.085
河南	0.948	0.929	0.958	0.879	0.839	0.835	0.810	0.764	0.755	0.698
湖北	0.878	0.911	0.876	0.867	0.879	0.842	0.778	0.793	0.932	0.932
湖南	1.070	1.072	1.062	1.051	1.006	1.024	1.053	1.055	1.188	1.208
广东	3.356	3.363	3.348	3.379	3.317	3.436	3.671	3.663	3.477	3.331
广西	0.885	0.888	0.915	0.876	0.873	0.857	0.919	0.941	0.968	0.946
海南	0.772	0.726	0.757	0.739	0.692	0.720	0.805	0.886	0.949	1.091
重庆	1.055	0.994	1.080	1.097	1.097	1.111	0.973	1.065	1.098	1.029
四川	1.063	1.003	0.964	0.951	1.011	1.037	0.996	1.035	0.959	0.966
贵州	0.734	0.756	0.758	0.786	0.760	0.796	0.847	0.791	0.912	0.885
云南	0.907	0.887	0.776	0.809	0.794	0.777	0.793	0.724	0.778	0.777
陕西	0.945	0.950	0.912	0.896	1.022	1.076	1.018	1.026	1.002	1.004
甘肃	0.962	0.957	0.997	1.014	0.960	0.973	0.988	0.982	0.946	0.881
青海	1.049	1.018	0.997	0.963	0.956	0.987	0.900	0.979	1.088	1.098
宁夏	0.819	0.838	0.800	0.792	0.735	0.710	0.757	0.762	0.841	0.725
新疆	0.750	0.777	0.752	0.757	0.751	0.777	0.827	0.812	0.950	0.905

资料来源：根据笔者计算结果整理。

表4－13是我国30个省份（剔除西藏）的2005～2014年的金融集聚水平，从表中可以看出，北京、上海的金融资本集聚水平在2014年分别达到

4.526 和 3.299，分列全国第一、第二位，远高于其他地区，其中北京金融集聚度最高。中西部 10 个地区的金融集聚水平小于或等于 1，有 15 个地区的金融集聚水平大于 1 小于 2，另外 5 个地区金融集聚度在 2 以上，分别是北京、上海、广东、辽宁和浙江。通过计算 2005 ~ 2014 年各省的金融集聚区位熵指数，很明显地看出我国金融集聚最为显著的区域主要在经济相对发达的地区，如长三角、珠三角及环渤海地区。而在新疆、云南、内蒙古、广西、贵州等西部地区及黑龙江、河南等地集聚度较低，这些地区由于自然资源、交通、社会经济环境等因素发展较为滞后，金融资源在这些地区利用效率低，金融资源发展空间有限。

通过分析，金融集聚的空间分布既表现了整体的分散性，又表现出局部的集群性。颜色越深，数值越大，各省份显示出较大的差异，高水平地区多数聚集在东部沿海和部分中部地区，西部内陆省份金融集聚度处于较低水平。地图上很明显地看出从东向西呈梯度型减弱态势，由南到北的带状形态。从时间演进看，空间分布具有连续性。同时表明我国金融集聚呈现出一定的空间过度特征，并具有稳定性，说明分布不仅具有时间上的连续性，同样在空间上也具备这一特征，还可以进一步说明我国金融集聚存在空间依赖性，不同梯度经济地区在空间分布上依次由东向西呈现出连续性布局。处于高位的是北京、上海、浙江、江苏、山东和广东都属于东南沿海地区。处于第二区间的包括东北三省和中部地区，而处于低位的基本集中于西部地区，主要有青海、西藏、新疆和宁夏。然而，金融资源的空间流动是其运行的本质，其他地区金融集聚与东部地区差距仍然存在。若是金融资源被人为设定在某一个区域内，就会偏离其流动的本性，最终的集聚效应很难形成，其发挥的作用也会因此受到限制，历来的研究中，基于省域层面分析得较多，大多数的结论比较相似，东部沿海地区的金融集聚程度明显较高。因此，接下来主要通过空间布局来探讨城市单元的金融集聚，探析金融资源是否会通过空间流动选择自己的集聚地。

4.2.2 金融集聚地级层面分布格局

结合空间分析，探讨城市金融集聚的空间分布状况。鉴于页面有限，只列举了中国金融中心指数（以下简称“CDI CFCI”）中排名靠前的31个金融中心城市的金融集聚水平，其他城市金融集聚度在这里省略（见表4-14）。

表4-14 2005~2014年31个金融中心城市金融集聚度

年份 地区	2005	2006	2007	2008	2009	2010	2011	2012	2013	2014
北京	3.568	4.096	3.626	3.153	3.357	3.501	3.335	3.580	4.186	4.526
天津	1.959	1.868	1.745	1.726	1.667	2.161	1.531	1.415	1.366	1.386
石家庄	1.108	1.300	1.316	1.381	1.456	1.455	1.554	1.523	1.605	1.649
沈阳	1.339	1.269	1.266	1.199	1.113	1.069	1.121	1.140	1.153	1.152
大连	1.404	1.408	1.522	1.460	1.424	1.473	1.403	1.454	1.433	1.556
长春	0.727	0.975	0.974	0.932	0.972	1.005	1.132	1.210	1.123	1.136
上海	3.394	3.947	4.258	3.549	3.445	3.508	3.805	3.838	3.139	3.299
南京	2.822	1.846	1.861	1.455	1.244	1.370	1.555	1.529	1.105	1.264
无锡	2.537	2.327	2.085	1.901	1.956	1.756	1.900	1.635	1.631	1.639
苏州	1.809	1.676	1.517	1.561	1.697	1.556	1.808	1.911	1.408	1.316
杭州	2.534	2.253	2.083	1.930	1.868	1.783	1.734	1.883	2.187	2.137
宁波	2.568	2.169	2.272	2.386	2.188	2.066	2.019	2.301	2.833	2.715
合肥	0.965	1.155	1.004	1.107	1.018	0.928	0.936	0.875	0.842	0.733
福州	1.713	1.744	1.687	1.578	1.906	1.876	1.788	1.957	1.936	2.119
厦门	1.052	0.918	0.904	0.958	0.933	0.804	0.838	0.934	0.965	1.362
南昌	0.909	0.898	0.754	0.670	0.893	0.907	0.716	0.752	0.927	0.804
青岛	0.794	0.729	0.750	0.820	0.929	0.871	0.861	0.777	0.830	1.090
济南	1.156	1.153	1.079	1.107	1.315	1.282	1.263	1.268	1.402	1.613
郑州	1.143	1.081	1.200	1.116	1.051	1.055	0.901	0.825	0.829	0.771
武汉	0.815	0.742	1.102	0.770	0.884	0.850	0.851	0.884	1.097	1.054
长沙	1.049	1.045	1.074	0.951	1.269	1.325	1.214	1.250	1.492	1.525
广州	2.002	1.929	1.834	1.802	1.756	1.782	1.717	1.807	1.587	1.642

续表

年份 / 地区	2005	2006	2007	2008	2009	2010	2011	2012	2013	2014
深圳	2.050	1.919	2.122	2.380	2.190	2.368	2.768	2.696	1.574	1.315
南宁	1.026	0.995	1.010	0.949	1.015	1.024	1.165	1.272	1.254	1.165
成都	1.075	0.908	0.888	0.838	0.822	0.839	0.822	0.957	1.082	1.055
西安	0.985	0.923	0.849	0.826	1.063	1.157	0.994	0.901	1.112	1.128
乌鲁木齐	1.023	0.984	0.964	0.993	0.999	1.012	1.169	1.134	1.247	1.153
重庆	1.055	0.994	1.080	1.097	1.097	1.111	0.973	1.065	1.098	1.029
昆明	0.910	0.856	0.815	0.823	0.847	0.825	0.781	0.797	0.827	0.915
南宁	1.026	0.995	1.010	0.949	1.015	1.024	1.165	1.272	1.254	1.165

资料来源：根据笔者计算结果整理。

以上城市为各省会中心城市，从数据上来看，大多数省会城市的区位熵都在 1 以上，再次证明了金融资源加速向中心城市流动。

为了能够更直观地展示金融集聚在城市层面的空间格局，使统计分析更加深入，本书继续利用 ArcGIS 软件的空间图形分析工具进一步进行展示。基于各城市的金融集聚区位熵结果绘出了我国 2005 年和 2014 年地级及以上城市层面金融集聚度。由此可见，金融集聚分布更加复杂，东、西、中部的不平衡发展格局仍很突出。各个地区内部呈现了很明显的块状分布不平衡趋势。但是整体上与省域得出结论相似，东中西部地区的不平衡发展格局相当明显，由东部向西部呈现递减的趋势。我们得出城市金融集聚程度（区位熵），从东部沿海向中西部依次降低。

从不同角度分析了金融集聚的空间分布状况，得出我国金融集聚无论从区域还是从地级行政单位，均存在明显的空间集聚特征。颜色的深浅代表着金融集聚程度的强弱，颜色越深代表的金融集聚程度越强；反之越弱。可见，在城市金融集聚空间分布更加复杂，东部沿海城市的金融集聚程度相对较高，尤其是北京、天津所在的环渤海地区以及长三角的上海、江苏、浙江等省份的省会城市，还有珠三角地区的广东等经济较为发达的城市，其他地区的城市金融集聚程度明显偏低。金融集聚的这种格局与其经济发展程度有一定关联。东部地区有其地理区位上的优势及国家政策的扶持，金融业对外开放较早，不断培育出新兴的金融都市。对中西部地区而言，这些都是它们所缺失的，很难形成发展的机遇。

通过分析可见，各城市的金融集聚度都有所变化，并伴随着金融深化进程，金融集聚点逐步出现在副省级城市以外。另外高值区分布变化较大，并未因为国家中西部开发战略的影响而发生变化，表现为由东北、西南地区向东部沿海地区集中。随着金融发展水平在城市之间不断扩大，金融集聚的中心城市对周边地区有一定的影响力。出现金融集聚度高的城市发展越来越快；相反，低集聚度的城市发展却越来越慢，两极化现象已经显现。地级城市虽然金融集聚的潜在力存在，但是集聚效应的发挥受到制约，尤其大部分城市尚处于金融集聚度低的边远地区，影响其对经济发展的促进作用。

金融集聚的空间分布格局与地区经济发展有一定的关联性，中国经济发展过程中的“赶超策略”，致使金融资源向资本密集型行业集聚，这些行业多集中在东部地区，因此其他地区得不到相应的资金支持，金融资源不易集聚。从金融集聚度的区位熵指数看，空间上呈东—中—西的阶梯分布，区域化特征明显存在不均衡性，并且金融集聚程度相似的地区在空间上往往都是相邻的，地区间的金融集聚度沿东、中、西、东北的空间推移逐步下降。在城市层面中，北京、上海、深圳代表金融集聚的最高水平，因此，金融机构设置存在区域偏好，导致金融集聚的程度不同是显而易见的。如果金融要素存在区域上的差异，必定带来金融资源配置的不均衡，在经济发展水平、富裕程度、主体投融资偏好的区域差异促使金融机构在逐利本性的驱使下根据地域背景与金融环境选择落脚点，这也是城市成为金融集聚首选地的主要原因。因此，金融资源的空间分布表明金融资源具有强烈的空间依附性。

综上所述，从区位熵指数测算结果来看，2005～2014 年，我国地级城市层面的金融集聚表现出以下显著特征：

一是在地级城市层面，金融资源在国内核心城市的集聚程度在不断增强，其中，具有国际化大都市特征的政治与经济中心城市已成为金融资源的主要集聚地，而政治与经济影响力相对不突出的城市，其金融集聚的程度就会相对较低。

二是金融集聚呈现出的“马太效应”日益增强，金融资源正加速向以北京、上海、深圳、广州为代表的国内金融中心，或者沿海城市加速集聚，其他城市的金融集聚程度相对不高。

三是在金融集聚的失衡程度非常显著，金融资源表现出向东部城市快速集聚的态势，并且东部城市金融集聚度大约是中部和西部城市的4倍，中部和西部城市在金融集聚过程中的差异性越来越小，但处于快速提升阶段，而东北部城市金融集聚的程度相对较低。

四是在城市层面金融集聚的空间特征均十分显著，金融集聚程度接近的城市在空间上大多相互毗邻，地区之间金融集聚的不平衡空间格局也非常明显。

4.3　金融集聚的经济增长效应空间相关性分析

研究金融集聚增长效应的路径需要深入分析金融集聚的空间分布状态，基于前文分析，本书选取2005年和2014年的相关数据，对金融集聚与地级城市经济增长的空间特征进行一般性描述。

借助20世纪80年代发展起来的空间计量经济学进行分析，空间计量经济学基于空间理论为依托，对经济活动的空间相互作用进行演化分析，是以研究要素空间集聚（或扩散）和关联等现象为标志性特征的学科。因此，本书引入该方法，以金融集聚经济增长效应为研究对象，以空间面板数据为基础。为了更好地理解该方法，首先需要澄清空间相关性和空间异质性这两个核心概念。空间相关性（Spatial Dependence）是指所观测的指标数值大小与其所在的地理弓箭位置存在相关性、一致性。而空间异质性（Spatial Heterogeneity）是指观测值一般是随机分布的，在空间上不具有稳定性，其模型设定的参数及误差项的方差往往会随着区位的变化而变化。

通过借鉴吴玉鸣（2006）运用空间统计与探索性的空间数据分析的相关理论。拟采用空间聚类检验分析对主要变量的空间特征进行分析。空间聚类检验也称为探索性空间数据分析（ESDA），探测空间分布的非随机性和空间相关性的分析，并结合统计学和图形计算技术更加直观地探究金融集聚的空间分布、空间模式即空间影响的规律。常用的空间聚类检验有两类：一是全局性空间相关性分析；二是局部空间相关性分析。接下来，本节主要对全国 285 个地级以上城市的人均 GDP（被解释变量）和金融集聚（核心解释变量）的空间相关性进行检验。

4.3.1 全局空间相关性检验

进行空间分析较常用的指标之一是全局空间自相关，是为了分析观测值在研究区域内的空间特征，而这种方法一般通过两种方法进行测量：全局 Moran's I 和全局 Geary's C，即全局莫兰指数和吉尔利 C 指数。

全局性空间相关关系是指观测值在全部地理空间内与区位相关的态势。全局性空间相关关系一般用莫兰指数来测度，其效果在众多指标中最好，因此是比较常用的指标，用来反映空间相邻区域单元观测值的相似程度，因此在本书的研究过程中，同样选择全局莫兰指数作为空间相关分析的重要指标，全局莫兰指数 I 的定义式为：

$$I = \frac{n\sum_{i=1}^{n}\sum_{j=1}^{n} w_{ij}(x_i - \bar{x})(x_j - \bar{x})}{\sum_{i=1}^{n}\sum_{j=1}^{n} w_{ij}\sum_{i=1}^{n}(x_i - \bar{x})^2} = \frac{\sum_{i=1}^{n}\sum_{j\neq i}^{n} w_{ij}(x_i - x)(x_j - x)}{S^2\sum_{i=1}^{n}\sum_{j\neq i}^{n} w_{ij}} \qquad (4-1)$$

其中，$n=285$，代表在中国选取的 285 个地级城市。$\bar{x}$ 表示与之相邻区域的经济发展水平的平均值。x_i 和 x_j 表示第 i 个和第 j 个城市单元的经济增长状况（本书采用人均实际 GDP 来代表），w_{ij}表示 i 和 j 的空间邻近关系，当 i 和 j 相邻，$w_{ij}=1$；反之，$w_{ij}\neq 1$。全局莫兰指数计算的结果的区间范围一般是位于 $-1\sim1$，而其取值方向由$(x_i-\bar{x})$与$(x_j-\bar{x})$所决定。在一般情况下，如果被研究的两个变量之间的关系同时为正或者同时为负时，那么$(x_i-\bar{x})(x_j-\bar{x})$一定是正的，可以说邻近地区存在正自相关关系；反之，若$(x_i-\bar{x})$与$(x_j-\bar{x})$的符号方向为相反时，那么$(x_i-\bar{x})(x_j-\bar{x})$的值小于零，表示邻近地区存在负自相关关系。而且莫兰指数的值大于零并越来越大时说明邻近区域之间存在较强的正相关性，可以判定出现了空间集聚。而取值接近于零表示为独立或不相关，说明其是呈现出随机分布的；反之，如果莫兰指数小于零，即会出现空间负相关的关系。莫兰指数是一个较为常用的全局性分析的统计指标，对于局部的空间相关性，在后续会通过局部莫兰指数进行分析。

对于全局莫兰指数，还可以通过标准化统计量 Z 继续进行检验。Z 的计算公式为：

$$Z=\frac{I-E(I)}{\sqrt{VAR(I)}}=\frac{\sum_{j\neq i}^{n} w_{ij}(d)(x_j-\bar{x}_i)}{S_i\sqrt{w_i(n-1-w_i)/(n-2)}}\quad(j\neq i)\tag{4-2}$$

$E(I)$ 和 $VAR(I)$ 是其理论期望和理论方差。数学期望 $EI=-1/(n-1)$。

$$VAR(I)=\frac{n^2w_1-nw_2+3w_0}{[w_0(n^2-1)]-E^2(I)}\tag{4-3}$$

其中，$w_0=\sum_{i=1}^{n}\sum_{i=1}^{n}w_{ij}$，$w_1=\frac{1}{2}\sum_{i=1}^{n}\sum_{j=1}^{n}(w_{ij}+w_{ji})^2$，$w_2=\sum_{i=1}^{n}(w_i+w_j)^2$

当 Z 的取值为正时并且显著，说明二者存在正向的空间相关关系。这些相似的观测值有空间集聚的趋势；反之，存在负相关，并且所观测到的数值都是分散的。若 Z 的取值等于零时，说明我们所观测的变量是独立的，并呈现出随机分布。Z 值可以用来检验全局莫兰指数显著性水平。全局吉尔利 C 指数与全局莫兰指数非常相近，不同的地方体现在分子的交叉项上，即测量邻近空间位置观察值近似程度的方法不同，全局吉尔利 C 指数可以用以下等式来表述：

$$C = \frac{(n-1)\sum_{i=1}^{n}\sum_{j=1}^{n} w_{ij}(x_i - x_j)^2}{2\sum_{i=1}^{n}\sum_{j=1}^{n} w_{ij}\sum_{i=1}^{n}(x_i - x)^2} \tag{4-4}$$

与全局莫兰指数不同的是全局吉尔利 C 指数更注重的是第 i 个和第 j 个空间单元之间差异的程度。一般会通过取平方值来体现。其取值范围在 [0, 2]，取值小于 1 并显著时说明存在正向空间自相关；而大于 1 说明是负空间自相关；等于 1，不存在空间相关性。其数学期望因不受空间权重等因素的影响，致使其的统计性能较差。因此是其不被广泛使用的原因。接下来主要基于全局莫兰指数对金融集聚与城市经济增长进行分析。

从图 4－6 来看，285 个城市在各个年份的全局莫兰指数均大于零，并且通过 1% 水平的显著性检验。表明全国地级以上城市的人均实际 GDP 与金融集聚度都具有显著的空间正相关性，并且随着时间的推移，这种空间正相关性越来越强。正的空间相关性证实，相邻城市的人均实际 GDP 与金融集聚度都存在空间依赖性，即与人均实际 GDP 较高城市相邻的城市，其人均实际 GDP 也较高；而与人均实际 GDP 较低城市相邻的城市，其人均实际 GDP 也较低。同样地，与金融集聚度较高城市相邻的城市，其金融集聚度也较高；而与金融集

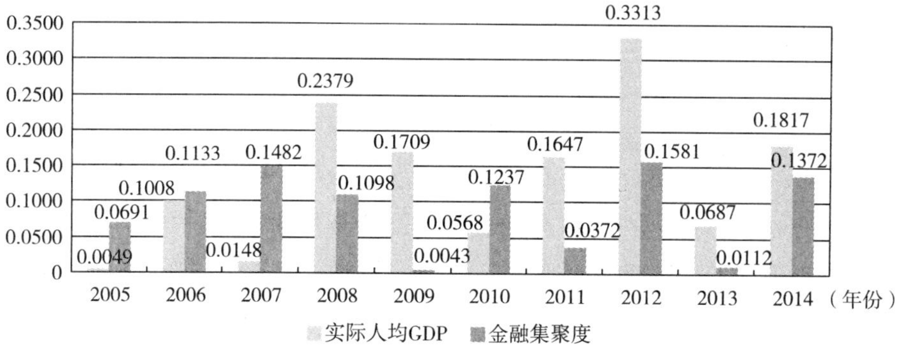

图 4－6　实际人均 GDP 与金融集聚程度对照图

聚度较低城市相邻的城市，其金融集聚度也较低。也就是说，人均实际 GDP 和金融集聚度在空间上表现出明显的正向聚集分布的状态。

同时从图 4 -7 还可以看出，对于全局莫兰指数，2005 ~2014 年，在总体情况上，金融集聚度的全局莫兰指数比较高的年份，人均实际 GDP 的全局莫兰指数也会比较高，但是也有个别年份情况相反，以 2007 年和 2008 年为例，2007 年 285 个地级以上城市金融集聚度的全局莫兰指数为 0. 1482，而 285 个地级以上城市人均实际 GDP 的全局莫兰指数则为 0. 0148，2008 年金融集聚度的全局莫兰指数为 0. 2379，要远远高于 2007 年，但是人均实际 GDP 的全局莫兰指数则为 0. 1098，反而要比 2007 年小了很多。为了进一步分析，我们继续利用 Geoda 1. 6. 2 软件计算 285 个地级以上城市金融集聚度与人均实际 GDP 的二元莫兰指数进行分析。

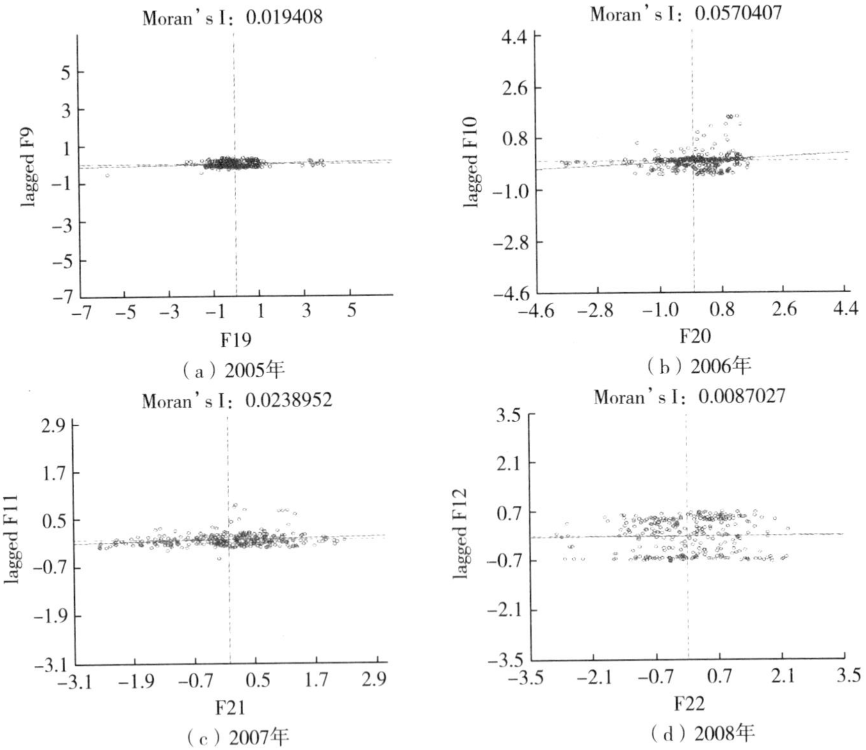

（a）2005年　（b）2006年　（c）2007年　（d）2008年

图 4 -7　单元全局莫兰指数

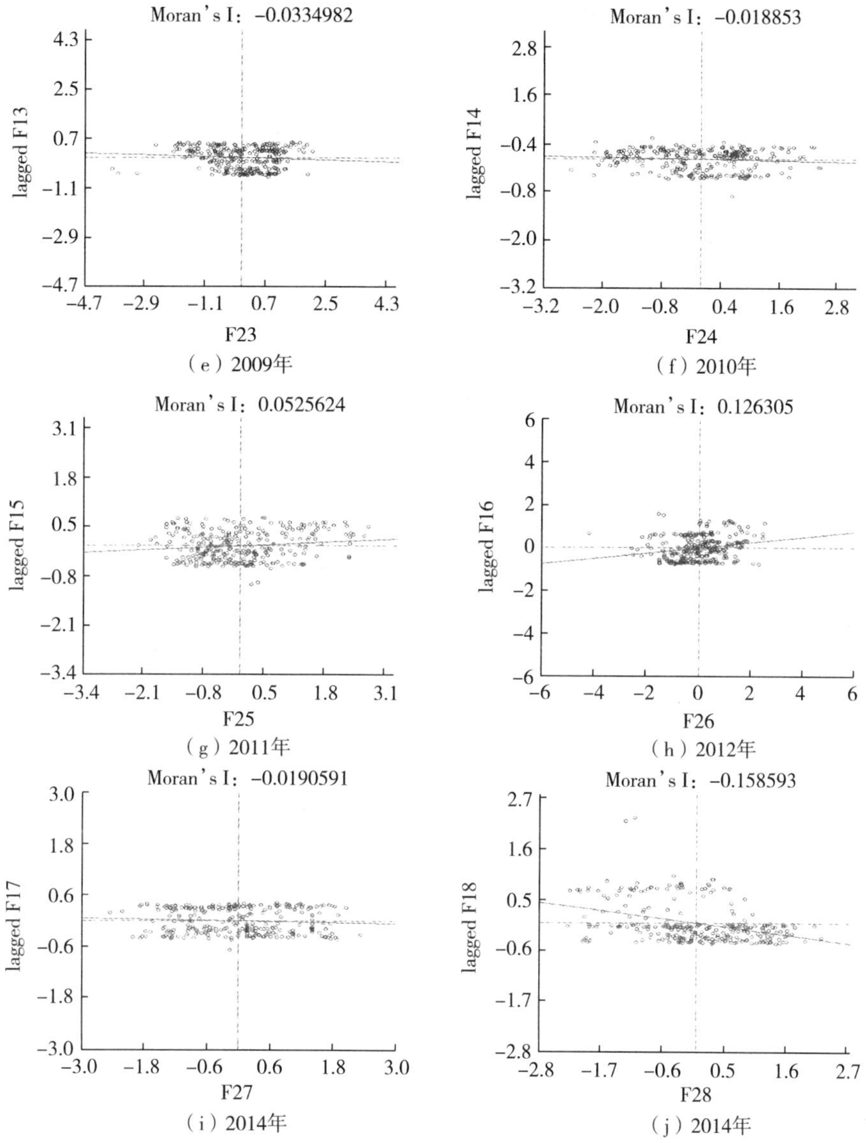

图4-7 单元全局莫兰指数（续）

注：X 轴变量为金融聚集度（lq），而 Y 轴变量为人均实际 GDP（rpgdp）。

图4-8是285个地级以上城市的金融集聚度和实际人均 GDP 的二元全局莫兰指数计算结果。根据两个图的结果，可以观察到2005～2014年10年，全

国285个地级以上城市的金融集聚度和实际人均GDP的二元全局莫兰指数，整体上呈现出一种倒“W”形的走势，第一次峰值出现在2007年，莫兰指数为0.2390，而第二次峰值则出现在2012年，莫兰指数为0.1263，在本书研究的样本中，该指数大体上呈现出逐年降低的趋势，表明中国的金融集聚对于实际人均GDP的影响，表现出一种从集聚到发散的趋势。

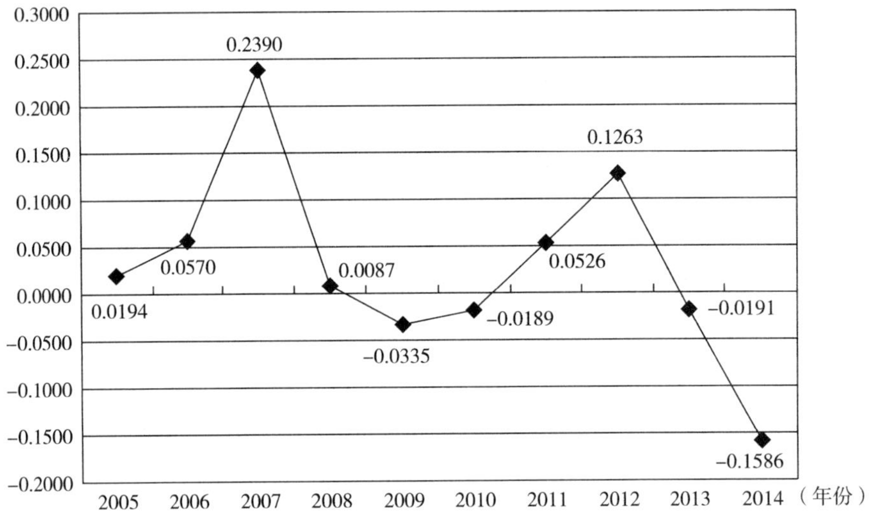

图4-8　二元全局莫兰指数

特别注意到，2009年、2010年、2013年和2014年这4个年份，该指数均为负数，分别为-0.0335、-0.0189、-0.0191和-0.1586，表明金融集聚度和实际人均GDP的二元影响之中，这10年期间，有6个年份是大于零的，而有4个年份是小于零的，表明实际情况是比较复杂的，既有空间集聚现象的存在，也有空间分散现象的存在，金融资源在中国其实更多地呈现一种空间的差异性。注意到莫兰指数为负数的4个年份，分别出现在全球危机以及中国经济新常态出现的年份，表明金融危机、经济减速，也在一定程度上加大了金融资源在地理空间分布的不均衡性。

4.3.2 局部空间相关性检验

为了让空间分析更为全面，在弥补全局空间自相关分析的某些方面的不足时，一般会采用局部空间自相关分析。局部空间相关分析主要是通过 Moran 散点图和局部相关指数 LISA（Local Indicators of Spatial Association）进行局部空间相关性分析，并且反映出考察的变量在局部区域内空间相关的类型及程度，这两种方式可以较好地检验变量在空间的分布模式。LISA 的构建一般需要满足以下两个条件：一是局部空间自相关统计量之和等于相应的全局空间自相关统计量；二是能够指示每个空间位置的观察值是否与其邻近位置的观察值具有相关性。

局部空间分析的重要意义在于以下几个方面：第一，是为了寻找局部空间自相关所在的位置；第二，在证明了全局自相关存在后，判断观测值是否存在空间的异质性；第三，找到观测值中的异质点，并确定其具体位置；第四，寻找可能存在的与全局空间自相关的结论不相同的观测值的位置；第五，若在出现正向的全局空间自相关的结果时，判定是否会出现一定数量的负局部空间自相关的数值点。

正是因为局部空间自相关分析的每个空间位置都有明确的统计量值，由此就可以通过图形将结果清晰地展示出来。这也正是局部空间自相关分析相对于全局空间性相关分析的优势。

局部莫兰指数与全局莫兰指数不同的是，在进行局部自相关分析的时候，需要把每一个空间单元的局部自相关统计量进行测度。

空间位置为 i 的局部莫兰指数的计算公式为：

$$I_i = \frac{(x_i - x)}{S^2}\sum_j w_{ij}(x_j - \bar{x}) \tag{4-5}$$

局部莫兰指数检验的标准化统计量为：

$$Z(I_i) = \frac{I_i - E(I_i)}{\sqrt{VAR(I_i)}} \tag{4-6}$$

其中，$E(I_i)$ 是理论期望，$VAR(I_i)$ 是理论方差。局部莫兰指数与数学期望之间的关系如果大于数学期望，可以说明局部正空间自相关；反之亦然。其最大的不足是无法区分“热点区”和“冷点区”是否存在空间自相关。

局部吉尔利 C 指数的计算公式为：

$$\mu_X = \sum_j w_{ij}(x_i - x_j)^2 \quad (i \neq j)$$

$$U(C_i) = \frac{C_i - E(C_i)}{\sqrt{\mathrm{var}(C_i)}} \tag{4-7}$$

局部吉尔利 C 指数的值与数学期望的关系，与局部莫兰指数刚好相反。其数值一般是小于数学期望的，如果通过假设检验，说明存在局部的正空间相关性；反之亦然。其不足也体现在无法区分“热点区”和“冷点区”是否存在空间自相关。

利用全局莫兰指数描述 2005～2014 年地级区域（285 个城市）经济增长与金融集聚程度的空间自相关性。但是缺点是对于区域间的空间依赖情况不能予以分析，而局部莫兰指数弥补了这一缺陷。分别用局部莫兰指数的高值和低值进行表示。高值代表高集聚—高集聚或低集聚—低集聚，而低值代表的是高集聚—低集聚或低集聚—高集聚。

由表 4－15 可见，2005～2014 年地级区域人均实际 GDP 的局部莫兰指数和 LISA 统计量。局部莫兰指数和 LISA 相关统计量的计算是本书主要采用的方法。

表 4－15　2005～2014 年地级区域人均实际 GDP 的局部莫兰指数 LISA 统计量

年份	LISA 显著性					LISA 集聚				
	Not Significant	p0.05	p0.01	p0.001	p0.0001	Not Significant	High－High	Low－Low	Low－High	High－Low
2005	197	82	6	0	0	197	42	4	28	14
2006	209	14	62	0	0	209	14	46	0	16
2007	241	32	12	0	0	241	8	21	5	10

续表

年份	LISA 显著性					LISA 集聚				
	Not Significant	p0. 05	p0. 01	p0. 001	p0. 0001	Not Significant	High - High	Low - Low	Low - High	High - Low
2008	51	22	212	0	0	51	90	79	33	32
2009	83	40	162	0	0	83	74	63	43	22
2010	123	44	118	0	0	123	49	60	28	25
2011	87	45	153	0	0	87	62	71	42	23
2012	69	26	190	0	0	69	60	96	34	26
2013	82	58	145	0	0	82	62	66	44	31
2014	123	28	134	0	0	123	43	76	13	30

因为莫兰散点图的四个象限可以分别表示出（H－H）、（L－H）、（L－L）和（H－L）四种集聚情况，以此确定其是否存在空间关联性。以本书来说，当设定横轴坐标为标准化后的经济增长指标，而纵坐标代表的是空间权重加权后的经济增长指标，也就是空间滞后的经济增长指标。四个象限的详细说明为：第一象限（H－H）代表地区，表示人均 GDP 高的地区，在其周围也是人均 GDP 较高的地区。第二象限（L－H）代表低人均 GDP 的周围是人均 GDP 高的地区。第三象限（L－L）同为人均 GDP 低的地区，而第四象限（H－L）则代表人均 GDP 高的地区的周围是低值地区。一般在第一、第三象限的局部自相关指数为正，说明在这个区域内，人均 GDP 存在正的空间依赖关系。而在第二、第四象限指数为负，即存在负向的空间依赖关系。同样的道理，以金融集聚度来理解，也是如此。

表 4－15 和表 4－16 分别给出了 2005～2014 年样本时期，285 个地级区域人均实际 GDP 和金融集聚度的空间相关性。

由表可知，二者存在空间相关性。并通过局部莫兰指数的 LISA 统计量确定了不同类型下经济发展的空间关联性。在 5% 的显著性水平下，人均实际 GDP 高的地级行政区域，其金融集聚度也高，同时形成的高—低和低—高集聚，

表 4-16 2005~2014 年地级区域金融聚集的局部莫兰指数

年份	LISA 显著性					LISA 集聚				
	Not Significant	p0.05	p0.01	p0.001	p0.0001	Not Significant	High - High	Low - Low	Low - High	High - Low
2005	225	35	25	0	0	225	24	4	25	7
2006	134	34	117	0	0	134	41	48	15	47
2007	113	64	108	0	0	113	73	49	34	16
2008	99	16	140	0	0	99	59	70	23	34
2009	237	41	7	0	0	237	11	12	8	17
2010	142	68	75	0	0	142	43	44	38	18
2011	145	50	90	0	0	145	50	26	44	20
2012	85	38	162	0	0	85	54	93	12	21
2013	197	67	23	0	0	197	41	13	19	15
2014	99	69	117	0	0	99	74	46	46	20

并说明其对周边的辐射效应的存在。而人均实际 GDP 低的地级行政区域，其金融集聚度也低，则形成 L-L 集聚中心，表明其对周边地区的经济增长和金融集聚所影响的程度不高。

图 4-9 是 2004~2014 年样本时期 285 个地级区域，实际人均 GDP 和金融集聚度的局部莫兰指数的计算结果。与全局部莫兰指数的情况相似，根据局部莫兰指数的计算结果来看，全国地级以上城市的人均实际 GDP 与金融集聚度都具有显著的空间正相关性，并且随着时间的推移，这种空间正相关性越来越强。正的空间相关性证实，相邻城市的人均实际 GDP 与金融集聚度都存在空间依赖性，即与人均实际 GDP 较高城市相邻的城市，其人均实际 GDP 也较高，而与人均实际 GDP 较低城市相邻的城市，其人均实际 GDP 也较低。同样地，与金融集聚度较高城市相邻的城市，其金融集聚度也较高，而与金融集聚度较低城市相邻的城市，其金融集聚度也较低。也就是说，金融集聚与城市经济增长（人均实际 GDP）之间存在正向的空间相关关系，在图上可以明显看出其正向聚集的空间分布状况。同时值得注意的是，两者之间是“高—高”集聚和“低—低”集聚现象，说明二者之间存在空间依赖关系。

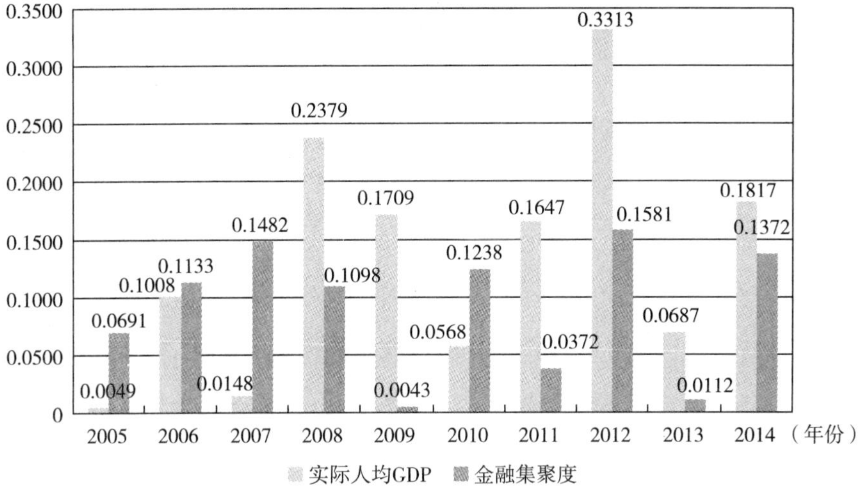

图 4－9　单元局部 Moran's I 指数

由于三个地域样本的全局莫兰指数均大于零，表明以人均 GDP 所表示的经济增长与金融集聚表现出显著的空间正相关性，这就说明相邻地区经济增长与金融集聚存在显著的空间依赖性，与经济增长速度相对较高的地区相邻的区域，其经济增长速度也会相对较高；反之则相反。同样，在三个地域中，与金融集聚程度相对较高的区域相邻的区域，其金融集聚程度也相对较高；反之亦然。此外，局部莫兰指数分析结果表明，经济增长速度相对较高的区域，其金融集聚程度也相对较高，并且围绕这些区域能够形成“高—高”集聚的空间溢出效用，即金融集聚和经济增长相对较高的区域，可以对周边区域形成辐射和带动作用，从而能够促进周边区域经济增长速度和金融集聚程度的提高；相反，经济增长速度相对较低的区域，其金融集聚程度也相对较低，并且围绕这些区域能够形成“低—低”集聚的空间溢出效应，表明这些区域对周边地区经济增长与金融集聚的辐射和带动作用相对不显著。这种经济增长与金融集聚在空间上形成“高—高”集聚和“低—低”集聚现象，说明我国经济增长和金融集聚存在显著空间依赖性。由于我国不同区域在金融集聚上存在显著差异，由此会造成国内不同区域经济增长差距的持续扩大，区域经济的均衡协调发展将会明显受到抑制。这就要求我国必须从以下几个方面入手，正确处理好金融集聚与区域经济均衡协调发展间的关系：

一是在区域层面上，基于国家发展战略，以“一带一路”和“东北—蒙东经济区”建设为依托，大力推动西部和东北部地区加快发展，有效遏制两极分化的加深，为区域经济实现均衡与协调发展奠定基础。

二是在省域层面上，有选择或有重点地加快区域性金融中心及省级金融资源集聚区的建设步伐，不断增强中西部省份对传统金融资源的集聚和吸引力度，并通过省域之间形成的空间溢出效应，弱化沿海省份和国内金融中心对这些省份所产生的影响，从而有效降低马太效应和极化效应的影响范围和力度。

三是在城市层面，落后地区应抓住国内产业变革这一历史机遇，以“互联网+”新经济形态为核心，加快构建创新型金融服务产业链，依靠后发优势，实现城市经济的超越式发展，从而在根本上杜绝发达地区对落后地区金融资源的吸引，进而能够促使落后地区的城市在产业发展中形成核心竞争优势，最终带动城市乃至区域经济实现均衡协调发展，为区域经济的均衡与协调发展创造条件。

4.4　本章小结

本章主要对我国金融集聚与经济增长之间的空间相关性进行了分析，研究发现：一是金融集聚不平衡发展的空间格局非常突出。在城市层面，金融资源在核心城市的集聚程度不断增强，具有国际化大都市特征的中心城市成为金融资源的主要聚集地；金融资源正加速向大城市如北京、上海、深圳、广州为代表的金融中心或沿海城市集聚，而其他城市金融集聚的程度相对不高。因此，区域间金融集聚所表现出的失衡现象已非常明显。

二是金融集聚与经济增长表现出显著的空间相关性，相邻城市经济增长与金融集聚存在显著的空间依赖性。金融集聚程度相对较高的地区，其经济发展程度或增长速度相对较高，并且与该城市相邻的区域，经济增长和金融集聚的程度也会相对较高；反之亦然。能够形成“高—高”集聚的空间溢出效应，并对周边城市形成辐射和带动作用，从而能够促进周边城市经济增长和金融集聚的提高；相反，经济增长和金融集聚程度相对较低的地区，只能形成“低—低”集聚的空间溢出效应，这些城市对周边城市的辐射和带动作用相对较低。

此外，由于金融集聚与经济增长存在的空间依赖性在不断增强，并且不同地域的金融集聚程度存在显著的差异性，由此会在金融集聚过程中引发极化效应，造成不同地域之间金融集聚和经济增长出现两极分化，进而对区域乃至宏观经济的均衡与协调发展形成制约，这就需要我国在供给侧结构性改革中，对金融资源的整体分布进行合理调整，依靠政策手段加快金融资源在欠发达地区的集聚，从而为这些地区经济的加快增长创造条件。为此，我国就必须正确处理好金融集聚与区域经济均衡协调发展间的关系，基于国家发展战略，以“一带一路”和“东北—蒙东经济区”建设为依托，大力推动西部和东北部地区加快发展，有效遏制两极分化的加深，为区域经济实现均衡与协调发展奠定基础；同时，有选择或有重点地加快区域性金融中心及省级金融资源集聚区的建设步伐，不断增强中西部省份对传统金融资源的集聚和吸引力度，并通过城市之间形成的空间溢出效应，弱化沿海城市和国内金融中心城市的影响，从而有效降低马太效应和极化效应的影响范围和力度。在城市层面，落后地区应抓住国内产业变革这一历史机遇，以“互联网 +”新经济形态为核心，加快构建创新型金融服务产业链，依靠后发优势，实现城市经济的超越式发展，从而在根本上杜绝发达地区对落后地区金融资源的吸引，进而能够促使落后地区的城市在产业发展中形成核心竞争优势，最终带动城市乃至区域经济实现均衡协调发展，为区域经济的均衡与协调发展创造条件。

5 金融集聚的经济增长效应的空间异质性分析：区域差异

金融集聚是金融资源空间分布的表现形式，金融资源的空间分布的不均衡会与区域经济发展的差异性有一定的关联。在现实中，城市经济发展不仅与金融活动分布特征（集聚或分散）有关，还与自身地区经济的初始条件、要素禀赋不无关系，更会受到邻近城市甚至更大空间范围内其他城市的金融活动的影响。

从空间范围来看，由于金融业的集聚式发展特征，区位选择是金融要素空间分布的主要基础，使得金融业在区位选择时更倾向于城市，并往往趋向集聚于大城市或中心城市，那么金融业在城市集聚所产生的效应必然会对城市经济发展带来影响。

然而，在以往的研究中，关注金融集聚与城市经济发展得较少，本书将致力于此。另外，传统理论忽视了金融的空间差异特征，也忽略了空间数据的依赖性和异质性共存的特征。为了深入了解金融集聚的经济增长效应，更好地解决二者之间的空间相互作用及依存关系等问题。本书将金融集聚纳入经济增长的模型框架内的同时，采用空间计量的分析方法，以城市为样本单元，对金融集聚经济增长效应的空间异质性进行解释，有一定的实际应用价值。

5.1 空间面板模型选择与构建

5.1.1 模型选择

荷兰经济学家 Paelinck 在 1974 年首次提出空间计量经济学，并详细概括了其主要特征，后经过 Anselin 等的研究发展形成了理论体系。空间效应分析是空间统计或空间计量分析的基础，其中“空间效应”（Spatial Effects）是指各地区间的经济地理行为之间存在的空间相互作用，某一地区的经济变量的变化不仅受到本地区其他经济变量的影响，也会受到其他地区的影响。空间效应主要包括空间异质性（Spatial heterogeneity）和空间依赖性（Spatial dependence）。其中主要用来描述空间结构上经济变量的相关关系的是空间依赖性。一般来说，空间位置相对接近，这种相关性会越强。空间依赖性是空间效应研究的重点，是通过对观测值之间的相关性进行考察，来反映某一地区经济活动对另外一地区的影响的行为。空间异质性也称为空间差异性，是指不同空间位置上事物的差异，即是用来描述经济变量在空间结构上产生的地理空间上的差异性。如果二者同时存在，就可以弥补传统计量经济模型中忽略的空间因素的不足。

金融集聚一般是在时间和空间两个维度进行，而传统计量经济学更多地关注时间维度，忽视了空间维度。地理学家 Tobler（1979）指出事物之间的关系存在空间相关性，往往与他们之间的空间距离分不开，空间相近说明之间的关系更强。也就是说，某种经济地理现象在某一地区空间单元上与相邻地区的某种经济地理现象是相关的。那么，对于考虑空间因素的金融集聚研究，关键是处理经济因素由于空间距离而产生的相关关系，经济变量的空间属性与其空间距离相关。因此，本书为了确保数据和方法的适用性，需要对相关数据进行空间特征的分析。

空间分析方法作为解决经济学问题是随着计算机技术的发展逐渐被关注。这种空间异质性最主要的表现便是地理上集聚化的发展趋势，引入空间效应的空间经济计量分析已经成为研究热点之一。

随着空间关系理论分析框架逐渐清晰，空间计量经济学开始运用截面数据和面板数据，通过加入空间权重矩阵来修正和改进研究中可能出现的问题，并可以解决研究模型中复杂的空间相互作用与空间溢出效应等问题。相比于横截面与时间序列数据，空间样本数据优势明显，具有涵盖信息广、形式内容丰富、自由度水平高、共线性影响小等诸多优势，并且可以解决空间样本存在空间相互作用于空间依存结构等问题（Anselin，2010）。空间经济计量模型与经典经济计量模型的根本区别在于计量分析中是否考虑到空间效应。

任何经济体总是与其他经济体有着密切的关联。分析时主要包括以下两个方面：一是研究对象是否存在空间相关性（在上一章已经进行验证）；二是对于空间计量模型的选择。

金融活动的研究不应该仅仅局限于时间维度，传统计量经济模型往往会忽略对空间维度的考察，以及忽略空间数据的本质。因此，本书采用的研究方法是构建空间计量模型。空间经济计量分析方法可以弥补传统经济计量方法在研究金融集聚增长效应中对个体差异性和空间相关性的忽视，可以对金融集聚的增长效应进行更加全面综合的分析。

自 21 世纪以来，空间面板计量模型的研究开始引起关注。尤其与横截面数据的模型比较而言，空间面板模型为空间研究的拓展提供了可能。应用空间计量处理区域经济增长问题时，空间因素具有重要作用，再借助空间计量模型分析金融集聚的经济效应时，应该重点集中在空间模型的选择与空间效应的估计上，然而，在研究中更为重要的是空间计量模型的选择。

随着空间经济学理论研究的推进及空间经济计量模型的发展，空间经济计量工具广泛应用于各种学科，并逐步成为主流研究方法。空间计量构建的检验模型的一个重要功能在于处理不同地理单元之间的交互效应。空间交互效应即空间单元之间的社会经济活动或现象通常存在着空间上的交互影响，其应用已经得到广泛的研究和重视。

空间模型主要有以下表示形式，由图 5－1 给出了八种线性空间计量模型的图形，这个图形是为了说明空间计量经济学模型之间的联系，并有助于进行模型的选择。在图 5－1 的最下方是 OLS 模型，最上方是 GNS 模型。GNS 模型下方的每一个模型都可以通过对 GNS 模型的一个或多个参数施加限制条件而得到。图中的箭头旁边即是这些限制条件。

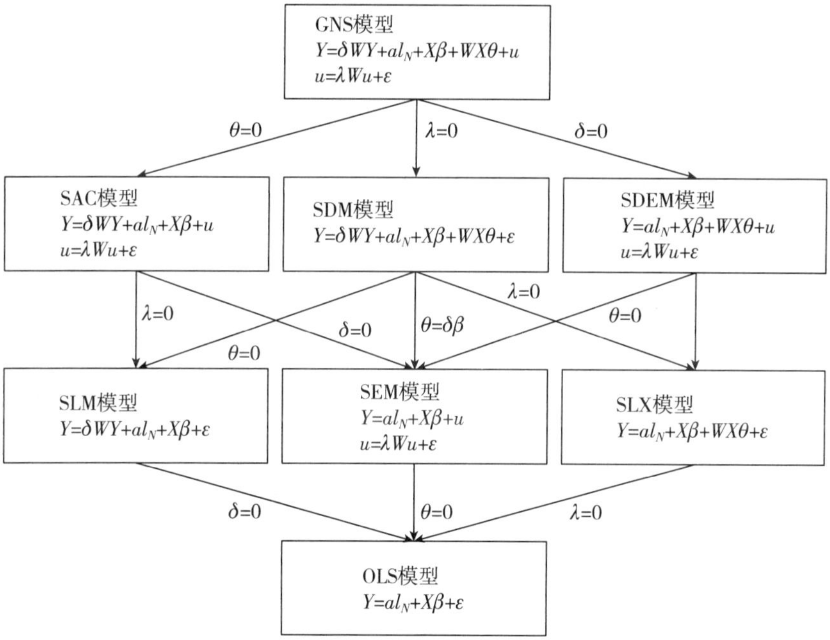

图 5－1　空间计量模型之间的关系及基本形式

这个图形是为了表明，空间计量经济模型有很多，但是在现实中未必被研究和使用，研究者更多的是倾向于使用 SAR、SAC、SDM 及 SEM 等模型。

空间面板模型有很多种类型，其中主要包括空间之后模型、空间误差模型和空间杜宾模型，通常这些模型可以根据体现空间因素的不同特征予以设定（Anselin，1988）。基于本章的研究，相对于其他两个模型，空间杜宾模型更具有优势，该模型在空间效应研究中比较常见。不仅对解释变量的空间相关关系进行考察分析，还可以分析被解释变量的空间相关性。最重要的是，空间杜宾模型的空间依赖效应不同于前两种情况。它不仅是受到本地区内变量影响，最不同的是其还可能受到变量间的交互作用的影响。模型公式如下：

$$y=\lambda W_1y+X\beta_1+W_2X\beta_2+\varepsilon,\ \varepsilon\sim N(0,\ \sigma^2) \tag{5-1}$$

其中，W_1 代表被解释变量的空间相关关系，W_2 代表解释变量 X 的空间相关关系，β_2 代表外生变量的空间自相关系数。

5.1.2 模型构建

本节基于上述理论分析的基础及 Boarnet 在 1998 年提出的理论模型为基础，对本书的模型进行构建。为了明晰金融集聚的经济增长效应，首先将包含金融集聚因素的生产函数设定为：

$$Y_{it}=h(J_{it})F(K_{it},\ L_{it},\ X_{it}) \tag{5-2}$$

其中，Y_{it}表示第 i 个城市在 t 年的人均 GDP，h（·）为集聚的外部性函数，J_{it}表示城市 i 的金融集聚水平，K_{it}表示资本投入，L_{it}表示劳动力投入，X_{it}表示控制变量，控制其他因素对经济增长的作用。

在该生产函数中，城市经济产出来源于生产要素投入与和集聚经济程度共同决定。由于城市实际人均 GDP 指标更能反映经济增长状况，将式（5－2）予以变形：

$$(Y/L)_{it}=h(J_{it})F((K/L)_{it},\ (X/L)_{it}) \tag{5-3}$$

其中，Y/L 为人均 GDP，K/L 为人均资本投入，两侧取对数继续变形：

$$\ln(Y/L)_{it}=\alpha\ln J_{it}+\beta\ln(K/L)_{it}+\ln(X/L)_{it}\times\gamma \tag{5-4}$$

令 $y=\ln(Y/L)$，$k=\ln(K/L)$，$LQ=\ln(J)$，则得出下述方程：

$$y_{it} = \alpha LQ_{it} + \beta k_{it} + x_{it} \times \gamma + \varepsilon_{it} \tag{5-5}$$

其中，X 是在经济增长研究过程中设定的控制变量，主要用来表示经济增长过程中其他因素的作用。

通常采用的空间计量模型有 SLM、SEM、SDM，这些模型的选择可以参照 Anselin 在 2005 年出提出的模型选择方法，即用拉格朗日乘子（Lagrange Multiplier，LM）来检验。估计方法采用 Shehata、Emad Abd Elmessih 和 Sahra Khaleel A. Mickaiel（2014）提出的最大似然估计方法来完成，该方法可以不需要传统的 OLS 估计那样满足严格的经典假设，甚至在残差不服从正态分析的条件下也得到较好的估计效果。

首先，通过 Wald 检验来判断模型的选取，由表 5－1 检验结果可知，Wald 检验均通过 5% 水平的显著性检验，结果显示出空间杜宾模型更为合适。

表 5－1　空间面板数据的 Wald 检验结果

Wald 检验	Wald 统计量	P 值
Wald Spatial Lag	9.7458	0.0118
Wald Spatial Error	6.7614	0.0324

空间杜宾模型与其他模型最大的不同是，其在模型形式中既要考虑因变量的空间滞后项，也要考虑自变量的空间滞后项。接下来将以城市为基本的空间样本单元来分析金融集聚的经济增长效应。构建的函数形式如下：

$$\ln y_{it} = \alpha + \left(\rho \sum_{j=1}^{N} w_{ij} \ln y_{jt}\right) + \beta^T X_{it} + \left(\sum_{k=1}^{N}\left(\theta_k \sum_{j=1}^{N} w_{ij} x_{kjt}\right)\right) + \mu_i + v_t + \varphi_{it} \tag{5-6}$$

$$\varphi_{it} = \left(\lambda \sum_{j=1}^{N} w_{ij} \varphi_{jt}\right) + \varepsilon_{it} \tag{5-7}$$

其中，X_{kjt} 表示 j 地区 t 年第 k 个自变量与控制变量，X_{it} 表示自变量列向量。

既然考虑到空间因素，空间权重矩阵的选择就不可避免，为了检验变量之间的空间依赖性，国际上主要通过引入空间权重矩阵（Spatial Weight Matrix）来建立研究对象之间空间交互作用模型，表示空间分析单元间的邻近关系和体现出潜在交互影响的强度。而作为描述空间结构的空间权重，不仅是空间聚类检验方法的基础，而且对空间计量经济学实证分析具有相当重要的作用。因为不同形式的权重矩阵对估计结果会产生较大的影响，其既是空间计量模型的外生变量，也是建立空间面板模型的关键点。

5.2 变量与数据说明

5.2.1 空间权重矩阵

空间权重矩阵的设定方法有很多，每一种权重都有各自的优缺点，可以根据需要进行选择。其中主要包括：地理距离和经济距离。地理距离的设定又分为邻接距离的空间权重矩阵、地理距离的空间权重矩阵、地理距离的负指数衰减形式的空间权重矩阵等。由于每种衡量方法有各自的优劣势，采用空间经济计量模型前首先要考虑空间权重矩阵的相互作用，这直接关系到模型是否具有更强的解释力。目前大多数文献中涉及空间权重的方法有两种：邻接距离矩阵和地理距离矩阵。前者是较为常用的权重方法，分别用赋值为0和1表示邻接空间样本之间是存在不相邻的关系还是相邻的关系。如式（5－8）所示：

$$\begin{cases} w_{ij} = 0 \quad \text{if} \quad i \neq j \text{ 且 } i \text{ 与 } j \text{ 不相邻} \\ w_{ij} = 1 \quad \text{if} \quad i = j \text{ 且 } i \text{ 与 } j \text{ 相邻} \end{cases} \tag{5-8}$$

在中国经济发展的过程中，地理距离对经济活动的空间分布有重要影响（向宽虎等，2012）。而距离矩阵的计算也有很多方法，主要是通过样本之间的距离来衡量权重，在一般情况下，距离越近，权重越大；反之越小。

对于样本数量大的分析，基于地理距离的负指数衰减形式的空间权重矩阵更为适用，式（5－9）中 d_{ij}为地区 i 与 j 之间的距离，借助各城市之间的距离（DIS）作为空间权重矩阵，说明地区之间相互作用的强度随距离的变化而变化。原始空间权重矩阵是基于各城市的经纬度地理坐标得到的。

$$\begin{cases} w_{ij}=0 \quad d_{ij}=0 \\ w_{ij}=e^{-d_{ij}/d_{\max}} \quad d_{ij}\neq 0 \end{cases} \tag{5－9}$$

平面上两个点之间的距离一般会采用欧氏距离，而地球表面的两个城市之间的距离一般根据城市之间的经纬度进行计算，如式（5－10）所示：

$$d_{ij}=R\times \arccos(\sin\alpha_i \sin\alpha_j+\cos\alpha_i \cos\alpha_j \cos(\beta_j-\beta_i)) \tag{5－10}$$

其中，α 表示城市的纬度，β 表示城市的经度，R 表示地球的半径。

另外也有学者开始讨论用“经济距离”作为空间权重矩阵，经济距离的空间权重矩阵为 $w=\pi_{ij}$，而其中的 m_i 用来代表的是城市 i 的经济发展水平，而式（5－11）中 d_{ij}是基于城市经纬度进行计算，代表了城市 i 与 j 之间的距离。

$$\begin{cases} \pi_{ij}=\dfrac{m_i m_j}{d_{ij}^2}, \ i\neq j \\ \pi_{ij}=0, \ i=j \end{cases} \tag{5－11}$$

在一般情况下，空间权重矩阵都需要进行标准化处理，主要是为了实证结果的准确性。林光平、龙志和等（2005）在研究中引入经济空间权重矩阵。

5.2.2 变量选取

本节首先设定了空间面板模型的变量及数据来源，其次重点分析数据处理的过程及代理变量的选择。

描述性统计是指将调查样本中的包含的大量数据资料进行整理、概况和计算，是推断性统计的基础和方法。本书在此处选择 EViews 8.0 软件，计算出 2005～2014 年，全国 285 个城市的相关变量的描述性统计量。主要为：LNR-PGDP 是人均实际 GDP，LNLQ 是金融集聚度，LNRPINV 是人均固定资产投资，LNEDU 是人力资本，LNGOV 是政府干预，LNMOBILE 是信息基础设施，LNOPEN 是进出口/GDP 之比，LNIND 是第二产业增加值占比，LNSER 是第三产业增加值占比，LNPOP 是经济密度。

根据表 5－2 的 10 个变量的描述性统计结果来看，经过取自然对数处理后的对数序列，Jarque－Bera 正态性检验统计量显著地接受了各个变量的历史统计数据，服从正态分布的零假设，可以用来进行比较好的建模处理。

表 5－2　变量的描述性统计

	LNRPGDP	LNLQ	LNRPINV	LNEDU	LNGOV	LNMOBILE	LNOPEN	LNIND	LNSER	LNPOP
Mean	9.1261	0.0326	9.7686	3.1999	－2.1719	0.7193	－2.6203	3.8779	3.5565	5.7185
Median	9.0862	0.0424	9.8071	3.2236	－2.1969	0.7373	－2.5881	3.9170	3.5610	5.8424
Maximum	11.9389	1.6273	12.0662	5.5110	－0.0930	3.5283	1.1796	4.5105	4.4466	7.8816
Minimum	7.2852	－1.8390	6.3943	－0.2614	－3.6249	－2.4924	－8.9086	2.1972	2.1494	1.5476
Std. Dev.	0.6314	0.3818	0.8100	0.7737	0.4745	0.7279	1.5168	0.2456	0.2473	0.9107
Skewness	0.3190	0.0932	－0.4124	－0.3263	0.4859	－0.2269	－0.2095	－1.1179	－0.6467	－0.9286
Kurtosis	3.1847	3.9464	3.1543	3.6824	3.7149	3.2108	3.1397	5.8695	6.0758	4.4602
Jarque－Bera	52	110	84	106	173	30	23	1571	1322	663
Probability	0.0000	0.0000	0.0000	0.0000	0.0000	0.0000	0.0000	0.0000	0.0000	0.0000
Sum	26009	93	27841	9120	－6190	2050	－7468	11052	10136	16298
Sum Sq. Dev.	1136	415	1869	1705	642	1509	6555	172	174	2363
Observations	2850	2850	2850	2850	2850	2850	2850	2850	2850	2850

为保持本书研究的一致性，仍采用前文的数据指标，样本选取的期限为 2005～2014 年，涉及 285 个地级及以上城市数据作为研究对象。为保证数据的一致性，在数据处理的过程中，对遇到的缺失值和异常值，进行了相应调整，通常使用历年《中国区域经济统计年鉴》和历年的《中国城市统计年鉴》对原有数据的缺失进行补齐。

被解释变量是实际人均 GDP。GDP 是用来衡量经济社会（一国或者地区）在一定时期内运用生产要素生产出来的全部最终产品市场价值总和。城市经济增长体现城市发展速度，已有的文献较多地采用 GDP、GDP 增长率或人均 GDP 作为城市增长的变量（Frenken 等，2007；孙晓华等，2012）考虑到我国城市人口规模及国土面积上都存在比较大的差别，若选取 GDP 总量这一经济指标，无法真实反映各地区经济增长，因此未选择 GDP 总量进行衡量。而人均 GDP 可以客观反映出地区间的差距、地区生活水平与经济规模，在某种程度上可以消除规模因素的影响，从而使所选地级市在经济水平上更具有可比性。但是由于历年城市的价格指数不易获得，常用方法是以各城市所在省份的价格指数作为代理变量，故使用 2000 年为数据估计的起点，以 2000 年不变价表示的实际人均 GDP 作为经济增长的代理变量。

本书的核心解释变量是金融集聚度（LQ），正如前文所述，金融集聚的衡量指标有很多种，由于受城市数据限制，并未对金融业进行行业细分，而是以金融业整体作为研究对象，关于集聚衡量的一些常用指标，比如空间基尼系数、E－G 系数或 Hoover 地方化系数等并不适用。因此本书运用哈格特（Hagget）提出的区位熵计算金融集聚程度，其计算依据前文如式（4－2）所示。该指标能够比较一个地区金融业发展水平在全国金融业平均发展水平中的比重，说明金融集聚程度高，金融产业规模应该在全国占有较大的比例。在以往的文献中，许多学者在衡量金融集聚水平的时候采用金融业总产值的比重，鉴于本书研究对象（地级市）的金融业增加值数据获得比较困难，还是采用了较易获得的金融业从业人员的数据，衡量各地级市的金融集聚水平。

为避免遗漏解释变量，还有一些因素影响着城市经济发展，借鉴相关文献的研究结论，对控制变量进行选取是基于生产函数和经济增长理论而展开的，将经济增长相关控制变量引入空间面板模型，便于接下来的实证分析。

控制变量主要有：人均资本投入（RPINV）以人均全社会固定资产投资衡量。早在 18 世纪，古典经济理论就指出，物质资本积累一直被认为是非常重要的因素，经济增长的关键因素是物质资本积累量的大小。尤其在哈罗德—多马模型中，更是被认为是唯一的决定性因素，没有物质资本的投入，经济活动将难以展开，物质资本的投入往往还会带来乘数效应，物质资本因素对经济增长的作用不容小觑。因此，采用各城市每年实际完成的人均固定资本投资额作为物质资本的代理变量。

城市人力资本水平标记为 EDU。与物质资本相比较，对于城市经济增长而言，以人的知识、技能、健康为要素构成的人力资本对城市经济增长的贡献越来越重要（Simon and Nardinelli，2002）。人力资本影响经济增长的途径主要有以下两个方面：一是增加人力资本的投入提高劳动者质量，使其具备分析和处理信息的能力。与此同时，提高其他投入要素的使用率，促进城市的经济增长（Glaeser et al.，1995；Findeisen and Südekum，2007）。二是接受了较高教育程度的劳动者能够促进技术创新能力的提高。由于城市统计年鉴没有直接的地区人力资本指标，然而金融业对于从业人员的能力素质要求较高，并与居民受教育程度有极大的关联。高等教育应该是人们受教育的最高层面，高校学生数越多的城市，居民的金融素养会越高，金融文化也更容易融合于城市之中，同时金融业的发展机会越好。因此从多方面进行考量并借鉴国内外学者通常采用的做法，即用每年普通高等学校在校人数以及中等学校在校人数占城市人口总数来表示该地区的人力资本水平程度（Baror and Lee，1993）。

对外开放水平（OPEN），在一定程度上反映出一个城市对外开放程度和投资环境。地区的开放程度越高，越易于国际金融资源的流动，也越有助于地区经济的发展。同时，对外开放水平是落后地区技术引进的重要途径，自 1978 年改革开放以来，我国的对外开放政策在经济发展过程中发挥着重要作用。对外开放程度的衡量一般可以从进出口贸易和外商投资两方面予以度量。本书选取各城市每年的进出口总额占当年的 GDP 的比重作为经济开放程度的替代变量。具体操作中，我们通过年度平均汇率（元/美元）计算进出口的额度，并除以当年地区生产总值获得，以控制开放经济中外部因素的影响。

政府对经济干预程度（GOV）。政府对经济干预的程度是极其微妙的，一是政府的外在力量有助于资源有效配置，加速金融集聚的形成。尤其在发展中国家，政府往往是推动金融集聚的主要力量（张杰，2008）；二是从另外一个层面考虑，政府干预会阻碍经济信息的正常传递，不利于金融集聚。因此，本书选择多数文献使用的方法，即用扣除科学事业费和教育事业费的财政支出占GDP的比例来反映各城市政府对经济的干预程度。经验证据表明，中国经济快速增长与市场化的改革带来的资源配置效率提高不无关系。

在信息基础设施方面（MOBILE），城市基础设施的改善为金融运行提供了物质载体，金融集聚区内金融机构可以共享通信、交通运输等基础设施，随着现代信息技术和网络技术的发展，信息基础设施已然成为金融业发展的必要基础。现代金融业对信息要求和使用强度都比较高，因此通信等基础设施的完善也会直接影响金融业的效率。本书引入了人均实际邮政电信业务总量作为衡量城市信息基础设施的条件（刘生龙、胡鞍钢，2010），以此来反映信息基础设施存量和交通的可达性。

市场规模是以克鲁格曼为代表的新经济地理学派提出的，市场规模主要是用来表示某一个地区经济活动的密集度，在一般情况下，经济密度越高，城市市场规模（劳动力和消费市场）越大，发挥的作用也越大，因此，其必定与经济增长有极大的关联。本书在衡量经济密度时，采取了文献中通常使用的方法，用年末人口总数与城市每平方千米相比，所得比重的对数值，即用人口密度（POP）来表示市场规模的大小。

第二、第三产业占比。本书使用各城市第二年产业增加值占GDP的比值（IND）与第三产业增加值占GDP的比值（SER）表示产业构成。国民生产总值中的第二、第三产业比重越高，则工业化和现代化水平越高，经济增长的支撑作用越强健。

本书数据选取的期限是2005～2014年，以285个地级及以上城市面板数据作为研究对象，拉萨由于较多数据并不完整，即便是省会城市，也未考虑。并在数据方面进行了相应调整，对于缺失值和异常值的处理与多数文献的做法相似，即通过年鉴补齐并进行校对。以上变量原始数据均来源于《新中国五十五年统计资料汇编》、各年度的《中国城市统计年鉴》、《中国区域经济统计年鉴》及《中国统计年鉴》(2005 ~ 2015) 及各省最新统计公报和中国宏观经济信息网的数据。其中名义变量统一按照所在省份 GDP 平减指数和固定资产投资价格指数调整为2000 年不变价格，这样的数据更具有纵向可比性。又因考虑到部分城市县区的调整较多，并不包含辖区以外的建成区，因而本书选择相对稳定的市辖区数据为原始数据。在城市统计年鉴中，城市设地有两个范畴（市辖区和全市），本书涉及的范畴是利用全市数据指标，对于个别异常数据我们参照各省的统计年鉴进行了调整。

5.3 实证分析

金融集聚不仅会对自身产生影响，对其他产业乃至整个国民经济都具有重要的影响。由于金融资源的空间扩散特性，还会对周边地区的经济增长产生影响。城市作为经济活动分布的主要区域，金融资源出现较高的集聚性，但是在空间分布的过程中，并非均匀分布于每一个城市。上文已经指出金融活动具有空间集聚的特点，并与经济增长有一定的空间关联性，但以往的研究中对金融集聚的空间差异性的分析并不多见，因此，接下来将基于城市层面的数据对金融集聚经济增长的空间异质性进行实证分析。

空间面板模型与普通面板数据模型有明显的优势，大多数研究文献采用混合 OLS 方法估计传统的固定效应模型和简单合并面板数据模型。由于本书的数据量较大，首先给出了各解释变量与被解释变量（人均实际 GDP）对数序列散点图，以此来探析各个变量与被解释变量之间的关系。散点图（Scatter Diagram）是在回归分析中经常采用的分析手段，它表示的是数据点在直角坐标系平面上的分布图。一般情况下，我们在进行回归分析前，首先对变量之间的关系及变化趋势通过散点图进行大致判断，根据散点图的分析对结果进行初步判定。在本书中，被解释变量是人均实际 GDP（LNRPGDP），解释变量为衡量经济增长的一系列指标，主要解释变量金融集聚度为 LNLQ，其他变量分别为：LNRPINV 是人均固定资产投资，LNEDU 是人力资本，LNGOV 是政府干预，LNMOBILE 是通信，LNOPEN 是进出口/GDP 之比，LNIND 是第二产业增加值占比，LNSER 是第三产业增加值占比，LNPOP 是经济密度。

本书利用 285 个城市 2005～2014 年的数据进行分析，各解释变量与人均实际 GDP 按照城市、年份依次排列，然后取自然对数，从而形成截面数据，利用 Eviews 8.0 软件分别绘制出各解释变量与人均实际 GDP 的对数序列的散点图。

从图 5－2 各解释变量与人均实际 GDP 的对数序列的散点图来看，金融集聚度（LNLQ）、人均固定资产投资（LNRPINV）、进出口/GDP（LNOPEN）、二产增加值比重（LNIND）分别与人际实际 GDP（LNRPGDP）之间存在着明显的正向相关关系。其中，散点图也反映出金融聚集度（LNlQ）与人际实际 GDP（LNRPGDP）之间的正向相关关系略弱。而政府干预（LNLNGOV）与人际实际 GDP（LNRPGDP）之间存在着明显的负向相关关系，人力资本（LNEDU）、第三产业增值加值占比（LNSER）、（经济密度 LNPOP）与人际实际 GDP（LNRPGDP）之间则存在着一定的负向相关关系，但是这种负向相关关系表现得并不强。

在大多数的空间分析研究中，运用空间模型进行实证分析过程中，空间权重的选择与确定是关键，因为空间权重是表示研究单元之间的相关程度和相互依赖性的。然而，在选择的过程中由于存在主观性，因此需要慎重选取。恰当合理地选取空间权重矩阵对本书接下来的分析有至关重要的意义。在多数文献的实证研究中，邻接标准是用来确定空间权重矩阵的常用方法。邻接距离矩阵通常是决定相邻空间单元之间的关系，若二者是相邻的关系，即可以认为存在空间相关性，反之，则认为二者之间不存在空间相关性。在这里首先采用

“0－1”权重矩阵，即0表示两个地区不相邻，而1则表示两个地区相邻。采用“Queen Contiguity”的邻接关系，即表示共边或共点为邻接。

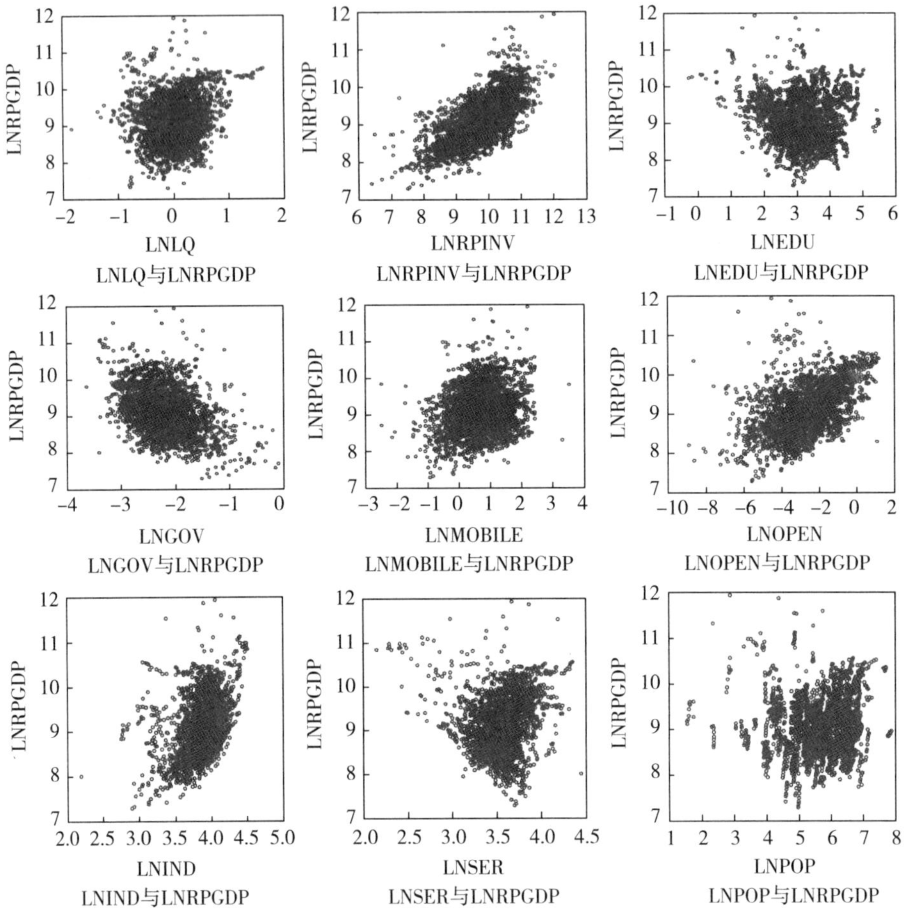

图5－2　各解释变量与人均实际GDP的对数序列散点图

本章采用“step by step”的建模策略，首先构建普通静态面板空间模型，然后在此基础上增加时期固定效应（Time－period Fixed Effects）的估计，空间固定效应（Spatial－fixed Effects）的估计，空间与时间双固定效应估计，空间计量模型的权重矩阵统一采用“0－1”权重矩阵，具体见式5－4。

基于空间权重和计量模型的选择，表 5 –3 给出了静态面板的基准模型，表 5 –4 是空间固定效应模型，表 5 –5 和表 5 –6 分别对应的是时期固定效应模型和双固定效应模型的估计结果，最后又进行了比较分析。

表 5 –3 静态面板 OLS 估计结果

解释变量	变量	系数	t 统计量	t 概率
常数	C	1.5982	5.9607	0.0000
金融集聚度	LNLQ	0.0490	2.4684	0.0136
人均固定资产投资	LNRPINV	0.4367	35.8881	0.0000
人力资本	LNEDU	–0.0802	–6.6998	0.0000
政府干预	LNGOV	–0.3954	–21.4983	0.0000
通信	LNMOBILE	–0.0778	–6.5622	0.0000
进出口/GDP	LNOPEN	0.0786	13.6622	0.0000
第二产业增加值占比	LNIND	0.4881	10.5079	0.0000
第三产业增加值占比	LNSER	0.4649	10.6004	0.0000
经济密度	LNPOP	–0.1095	–10.8465	0.0000
R^2 R – squared	0.6707			
调整后的 R^2 Rbar – squared	0.6697			
sigma^2	0.1317			
Durbin – Watson	0.6595			
loglikols	–1.1500e +03			
LM test no spatial lag	1425.0000	probability	0.0000	
robust LM test no spatial lag	0.0000	probability	0.9999	
LM test no spatial error	1425.0000	probability	0.0000	
robust LM test no spatial error	0.0000	probability	0.9999	

从静态空间面板的基准模型来看，2005 ~2014 研究样本期间，285 个地级区域的金融集聚度、人均固定资产投资、进出口/GDP、第二产业增加值占比、第三产业增加值占比与人均实际 GDP 呈正相关关系，系数分别为 0.0490、0.4367、0.0786、0.4881、0.4649。而人力资本、政府干预、通信、经济密度

则与人均实际 GDP 呈负相关关系，系数分别为 -0.0802、-0.3954、-0.0778、-0.1095。金融集聚作为经济增长的主要解释变量，其系数表明金融集聚度增加 1 个百分点，人均实际 GDP 相应增加 0.0491%。金融集聚度对经济增长具有正向的影响，但是作用影响并不是很大。

表 5-4 静态面板空间固定效应 OLS（Spatial-Fixed Effects）估计结果

解释变量	变量	系数	t 统计量	t 概率
金融集聚度	LNLQ	-0.0417	2.1131	0.0347
人均固定资产投资	LNRPINV	0.4286	35.0774	0.0000
人力资本	LNEDU	-0.0709	-5.9998	0.0000
政府干预	LNGOV	-0.4241	-22.6736	0.0000
通信	LNMOBILE	-0.0845	-7.1466	0.0000
进出口/GDP	LNOPEN	0.0802	14.1690	0.0000
第二产业增加值占比	LNIND	0.4642	10.1084	0.0000
第三产业增加值占比	LNSER	0.4483	10.1247	0.0000
经济密度	LNPOP	-0.1199	-12.0110	0.0000
R^2 R-squared	0.6774			
调整后的 R^2 Rbar-squared	0.6765			
sigma^2	0.1183			
Durbin-Watson	0.6132			
FE_ rsqr^2	0.7041			
loglikols	-997.924			
LM test no spatial lag	1425.0000	probability	0.0000	
robust LM test no spatial lag	0.0000	probability	1.0000	
LM test no spatial error	1425.0000	probability	0.000	
robust LM test no spatial error	0.0000	probability	1.0000	

在所研究的样本中，地级城市的人均实际 GDP 或经济增长，主要得益于产业结构调整、工业化进程、服务业占比提高，然后仍然主要依靠投资拉动，对外开放程度的贡献也要比金融集聚的影响大，在诸多因素中，金融聚集因素的贡献是最小的（系数为 0.0491）。

表 5-5 静态面板空间时期固定效应（Time-Period Fixed Effects）估计结果

解释变量	变量	系数	t 统计量	t 概率
金融集聚度	LNLQ	0.0350	-1.7296	0.0838
人均固定资产投资	LNRPINV	0.4167	35.4939	0.0000
人力资本	LNEDU	-0.0892	-7.7300	0.0000
政府干预	LNGO	-0.3715	-20.4218	0.0000
通信	LNMOBILE	-0.0654	-5.7284	0.0000
进出口/GDP	LNOPEN	0.0847	14.5390	0.0000
第二产业增加值比重	LNIND	0.4862	10.5668	0.0000
第三产业增加值占比	LNSER	0.4519	10.5678	0.0000
经济密度	LNPOP	-0.0704	-6.6005	0.0000
R^2 R-squared	0.6489			
调整后的 R^2 Rbar-squared	0.6479			
sigma^2	0.1156			
Durbin-Watson	0.7311			
FE_ $rsqr^2$	0.7109			
loglikols	-964.4125			
LM test no spatial lag	1425.0000	probability	0.0000	
robust LM test no spatial lag	0.0000	probability	1.0000	
LM test no spatial error	1425.0000	probability	0.000	
robust LM test no spatial error	0.0000	probability	1.0000	

表 5-6 静态面板空间与时间双固定效应估计结果

解释变量	变量	系数	t 统计量	t 概率
金融集聚度	LNLQ	-0.0543	2.7109	0.0068
人均固定资产投资	LNRPINV	0.4056	34.5978	0.0000
人力资本	LNEDU	-0.0798	-7.0520	0.0000
政府干预	LNGO	-0.3942	-21.3439	0.0000
通信	LNMOBILE	-0.0711	-6.2892	0.0000
进出口/GDP	LNOPEN	0.0873	15.2836	0.0000
第二产业增加值比重	LNIND	0.4641	10.2446	0.0000

续表

解释变量	变量	系数	t统计量	t概率
第三产业增加值占比	LNSER	0. 4343	10. 1216	0. 0000
经济密度	LNPOP	-0. 0746	-7. 0864	0. 0000
R^2R - squared	0. 6552			
调整后的 R^2Rbar - squared	0. 6542			
sigma^2	0. 1021			
Durbin - Watson	0. 6899			
FE_ rsqr2	0. 7109			
loglikols	-964. 4125			
LM test no spatial lag	1425. 0000	probability	0. 0000	
robust LM test no spatial lag	0. 0000	probability	1. 0000	
LM test no spatial error	1425. 0000	probability	0. 000	
robust LM test no spatial error	0. 0000	probability	1. 0000	

同时，根据模型结果来看，人力资本、政府干预、通信、经济密度则与人均实际 GDP 是负相关的。其中，政府干预对人均实际 GDP 或经济增长的负向影响是最大的，政府干预每增加 1 个百分点，人均实际 GDP 下降 0. 3954 个百分点。负向的影响因素依次是经济密度、人力资本和通信。经济密度越高，城市市场规模（劳动力和消费市场）则越大，本书用城市每平方千米土地上年末人口总数的对数值来衡量经济密度，但根据空间地理计量模型的实证结果来看，表明城市规模过度集中，或者说经济密度过大，可能会造成更大的经济资源在地理区域空间分配的不均衡，在一定程度上影响了经济增长，经济密度每增加 1 个百分点，造成人均实际 GDP 下降 0. 1095 个百分点。一般情形下，人力资本和通信对经济增长本身应该起到正向的促进作用，但根据空间计量模型的结果来看，之所以出现人力资本和通信对人均实际 GDP 的系数为负的情况，本书认为主要是与经济密度有关，人力资本和通信在地理区域空间分配的不均衡，在一定程度上同样抑制地区的经济增长。

然后在静态面板基础上，增加空间固定效应进行 OLS 的估计。其结果与静态面板的模型结果相似，金融集聚度仍为正，但是影响效果不大。再从静态面板的时期固定效应的估计结果来看，与前述结果最大的不同在于金融集聚度对经济增长的影响显著为负，说明金融集聚在一定程度上会抑制地区经济的增长。因为，在前文的分析过程中已知，中国区域性金融集聚的差异性非常明显。金融集聚水平在东部地区明显高于其他两个地区。那么如果忽略地区差异（即地区固定）势必会导致回归结果的偏差。另外，时间固定模型和无固定模型的回归结果同样可以证明这一结论。从空间面板模型估计结果来看，比较调整的可决系数（$Adj-R^2$）和对数极大似然比（LogL）可以发现，双固定效应模型分析是最好的选择。

进一步根据双固定效应空间面板模型的回归结果来看，金融集聚的系数为负，这表明金融资源在空间地理行政区域的集聚分布不均衡，在一定程度上影响到了地区之间经济发展水平的提高。

本书认为，虽然直觉上，我们都认为金融集聚地往往是在经济发展水平相对较高的地区，但是经深入思考发现，如果经济相对发达地区的金融业已经饱和，竞争也非常激烈，若没有进行金融科技创新，本地区的金融业会在边际效益递减规律的作用下向周边地区扩散。在这种情况下，金融集聚对城市经济增长的效果是有限的。同时，由于中国人力资源和技术门槛较高，第二产业发展方式比较粗放，金融业垄断程度又强，不利于生产性服务业的发展，缺乏有效的专业分工和协作机制，由于集聚所产生的知识溢出效应也不是很明显。这些因素的叠加效应最终使得中国金融集聚度受经济增长的影响，在很大程度上可能形成一定的扭曲。

更为重要的是，区域金融集聚的增长效应在空间维度上具有明显的异质性，当把空间距离纳入分析之后，这种差异性会明显表现出来，这也是本章的关注点所在，通过图 5－3 的结果可以清晰地反映出金融集聚增长效应的空间异质性差异。

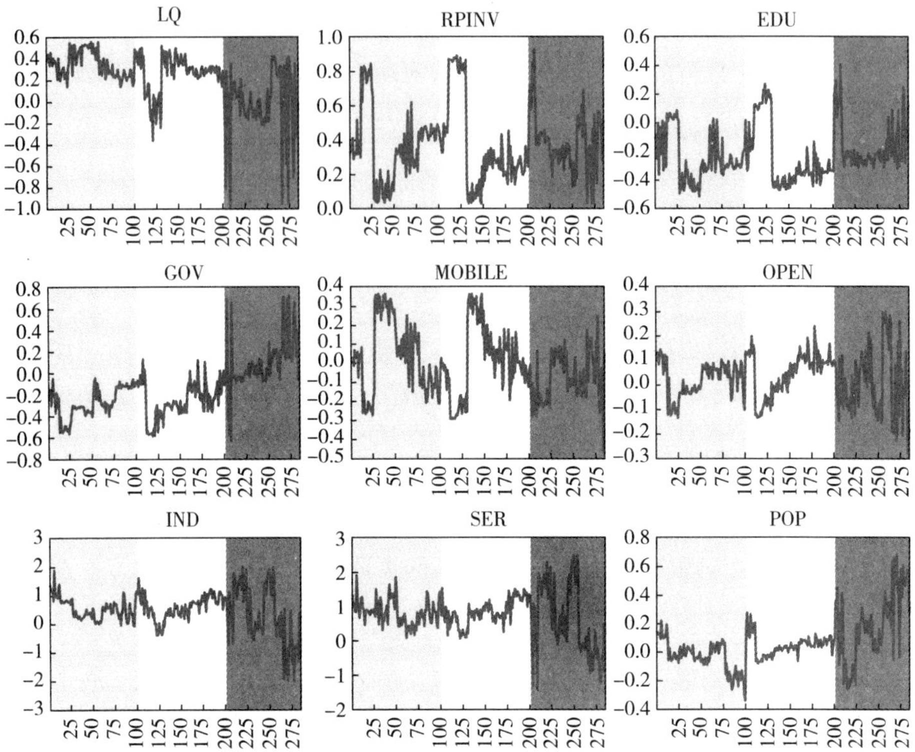

图 5-3 三大区域经济增长中各变量空间异质性

为了体现三大行政区域的区别，每幅图的三个阴影部分，从左到右依次为东部地区、中部地区和西部地区。为节省篇幅，图以 3×3 的矩阵形式给出。横坐标为 1~285 个刻度，每个刻度分别对应一个城市。从上到下，从左到右，变量依次为 LQ、RPINV、EDU、GOV、MOBILE、OPEN、IND、SER 和 POP。从图中可以很清楚地看出不同区域内各指标的变化差距。以金融集聚为例，在东部地区变化相对比较平稳，而西部地区的变化则较为波动，其他指标也可以看出相应的结果。

金融集聚空间分布不均匀，呈现明显的梯度差异。因此进一步测算东、西、中部三大地区的城市金融集聚的经济增长效应，可以更深入地分析三大区域内金融集聚空间效应的异质性。基于前文的分析，双固定模型（时间固定和地区固定）的估计结果是比较理想的选择。接下来将采用空间与时间双固定效应模型，基于邻接距离的空间权重对不同区域城市的金融集聚的增长效应进行分析，证明金融集聚经济增长效应的区域差异。如表 5 -7 所示：

表 5 -7　东、中、西部城市空间面板的空间与时间双固定效应估计结果

变量	东部（100 个城市）		中部（101 个城市）		西部（84 个城市）	
	系数	显著概率	系数	显著概率	系数	显著概率
LNLQ	0. 3596	0. 0719	-0. 0015	0. 9619	-0. 1446	0. 0010
LNRPINV	21. 2731	0. 0000	0. 3459	0. 0000	0. 4311	0. 0000
LNEDU	-4. 6082	0. 0000	-0. 0990	0. 0000	-0. 0307	0. 1172
LNGOV	-12. 5762	0. 0000	-0. 4815	0. 0000	-0. 4364	0. 0000
LNMOBILE	-2. 8167	0. 0049	-0. 0044	0. 8044	-0. 0791	0. 0008
LNOPEN	13. 2217	0. 0000	0. 0627	0. 0000	0. 0629	0. 0000
LNIND	6. 3626	0. 0000	0. 5414	0. 0000	0. 5865	0. 0000
LNSER	6. 1021	0. 0000	0. 5665	0. 0000	0. 2603	0. 0038
LNPOP	-5. 6995	0. 0000	-0. 0675	0. 0000	-0. 0544	0. 0195

从表 5 -7 可知，前文分析总体金融集聚的经济增长效应为负，而将 285 个城市进行行政区域划分后的结果有很大不同，说明地区差异是非常重要的影响因素。为了进一步进行验证，对东部、中部和西部的三大区域的城市样本进行分析，东部 100 个城市的金融聚集度的回归系数为正数（0. 3596），而中部 101 个城市与西部 84 个城市的金融集聚度的回归系数均为负数（分别为 -0. 0015、-0. 1446），表明金融集聚度对人均实际 GDP（代表经济增长水平）的区域差异是非常明显的。东部地区的金融聚集程度对当地经济发展起到了正向的促进作用，而中部和西部的金融聚集程度则对当地经济发展实际上起到的是负向的抑制作用，西部地区的金融聚集度对当地经济的影响，在三大区域之中作用效果最差。同时值得注意的是，东部地区的人均固定资产投资的回归系数高达 21. 2731，并且非常显著，而中部和西部的该项回归系数则小了很多，分别只有 0. 3459 和 0. 4311，这在一定程度上可以认为，区域内部城市

的分析更能体现出存在的差异性。进出口占 GDP、第二产业增加值占比和第三产业增加值占比，均是东部区域要远远高于中部和西部区域，从而比较合理地解释了金融要素资源在地理行政空间分布的不均衡。

在已有文献的研究分析中可知，由于空间权重矩阵无法直接估计，使得主观设定具有一定的随意性。另外由于本书涉及的是地级及以上城市，部分城市数据缺失等原因不得不被剔除，样本数量大，而且分布较为分散，也会带来分析结论上的差异，为了进行更深入的分析，再重新选择了空间权重矩阵后，再次进行实证检验。

基于分析可知，地理距离可以决定二者之间的空间相关程度，因此，采用国家基础地理信息中心公布的各城市经纬度数据计算出城市间的地理距离，通常地理距离越小，说明空间相关程度越高；反之越低。

本书则基于地理距离的负指数衰减形式设定空间权重矩阵（见式 5 - 11），并借助各城市之间的距离（DIS）作为空间权重矩阵来检验金融集聚的空间效应，原始空间权重矩阵是基于各城市的经纬度地理坐标得到的。经济距离权重矩阵，以地区人均 GDP 水平来衡量经济距离，即设定为经济距离权重矩阵，使用地区间人均 GDP 的差额作为测度地区间“经济距离”的指标，如式（5 - 12）所示：

$$E_{ij}=\frac{1}{|\bar{Y}_i-\bar{Y}_j|}\quad (i\neq j) \tag{5-12}$$

其中，E_{ij}为非主对角线的元素；$\bar{Y}_i$为地区 i 在样本间的人均实际 GDP 平均值的差，而矩阵的主对角线元素均为 0。

基于两种权重，从图 5 - 4 可以判断出，经济距离权重矩阵与地理距离权重矩阵存在较大的差异性。从图直观可知，地理距离引入空间权重矩阵能更好地拟合经济发展的状况。

通过对不同空间权重进行分析，结果如表 5 - 8 所示。

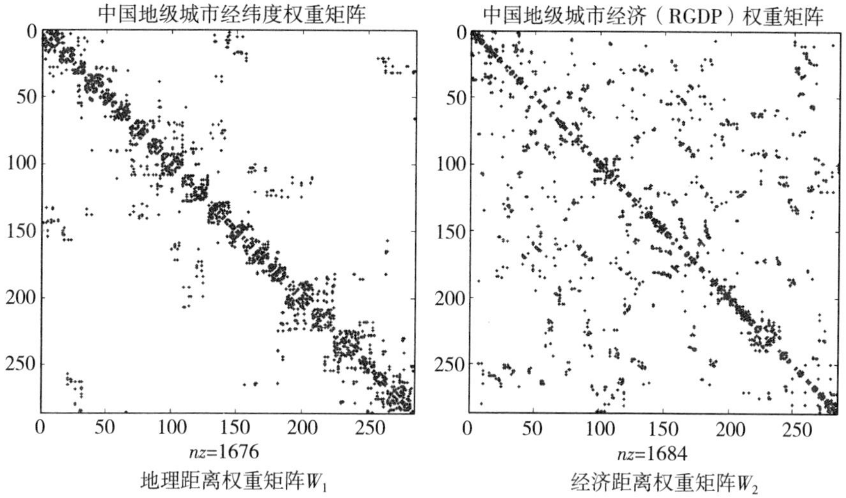

图 5－4　地理距离和经济距离权重矩阵

表 5－8　两种不同权重的 SDM 估计结果

	采用地理距离权重			采用经济距离权重		
	系数	t 统计量	z 概率	系数	t 统计量	z 概率
常数	1.5639	18.1115	0.0000	2.1273	304.1730	0.0000
LNLQ	0.8290	0.0981	0.9218	0.0262	1.4069	0.1595
LNRPINV	0.4263	22.1576	0.0000	0.7343	3.2344	0.0012
LNEDU	－0.0913	－9.3302	0.0000	－0.0806	－0.4730	0.6362
LNGO	－0.4037	－36.6394	0.0000	－0.3987	－34.2914	0.0000
LNMOBILE	－0.0686	－3.9247	0.0001	－0.0687	－3.8177	0.0001
LNOPEN	0.0744	6.3212	0.0000	0.0754	6.5226	0.0000
LNIND	0.5118	445.3561	0.0000	0.5624	109.0309	0.0000
LNSER	0.4763	10.1039	0.0000	0.4711	10.2886	0.0000
LNPOP	－0.1102	－2.4814	0.0131	－0.1140	－2.6509	0.0080
W × LNLQ	0.4524	73.7217	0.0000	－0.8496	－91.6212	0.0000
W × LNRPINV	0.1434	1.0306	0.3027	－0.3441	－1.4942	0.1351
W × LNEDU	－0.0394	－0.4171	0.6766	0.0037	0.0218	0.9826
W × LNGO	－0.1764	－2.2373	0.0253	0.0454	1.7387	0.0821

续表

	采用地理距离权重			采用经济距离权重		
	系数	t 统计量	z 概率	系数	t 统计量	z 概率
W × LNMOBILE	-0.0626	-0.4070	0.6840	-0.0244	-0.6060	0.5445
W × LNOPEN	0.2445	3.6776	0.0002	0.0080	0.3154	0.7525
W × LNIND	0.3562	5.7201	0.0000	-0.5120	-43.5636	0.0000
W × LNSER	-0.0138	-0.0702	0.9440	-0.0975	-1.0034	0.3157
W × LNPOP	-0.1463	-0.7922	0.4282	0.0477	0.4978	0.6186
rho	-0.1610	-2.1919	0.0284	0.1980	9.0201	0.0000
R - squared	0.6811			0.6821		
sigma^2	0.127			0.1242		
log - likelihood	-116.15289			-93.663606		

根据表 5 -8 的计量结果来看，金融聚集变化对地级行政区域经济增长具有重要影响，从交互项系数也可以看出，他们彼此之间存在着空间交互性，说明地级城市的经济增长会受到相邻地区金融集聚的影响。同时，空间滞后项的系数可以说明变量之间的空间相关性的程度的强弱，也可以认为是其他地区金融集聚对本地区经济增长的加权影响。

第一，从各个自变量的估计系数来看，在采用地理距离权重矩阵的情况下，金融聚集度的回归系数为 0.8290，而在采用经济距离权重矩阵的情况下，金融聚集度的回归系数为 0.0262，所得到的回归系数差异较大，但是金融集聚的增长效应都显著为正。在采用地理距离权重矩阵的情况下，人力资本、政府干预、通信和经济密度的回归系数均为负值，而在采用经济距离权重矩阵的情况下，该四个变量的回归系数同样均为负值。其他变量在两种权重矩阵情形下，回归系数均为正数。第二，金融聚集在空间上对其他地区经济增长产生影响，而这一点使我们后续的分析成为可能。在采用地理距离权重矩阵的情况下，W × LNLQ 的回归系数为 0.4524，而与在采用经济距离权重矩阵的情况下，W × LNLQ 的回归系数为 -0.8496，W × LNLQ 的显著性水平均很高，模型的因变量滞后项与自变量的空间交互项存在十分显著的关联性，表明金融集聚可能存在空间溢出效应，这为进一步深入研究金融集聚经济增长效应的空间依赖性提供了依据。但是，事实证明，引入地理距离的空间权重矩阵能更好地拟合经济发展的状况，再一次说明地理变量在空间模型中的重要性。

5.4 本章小结

本章基于新古典经济增长理论构建了基准模型和扩展模型，以地级城市作为样本，分别对静态面板的基准模型、空间固定效应模型、时期固定效应模型和双固定效应模型进行了估计，并对不同权重下的双固定效应模型进行比较，研究结果表明：

第一，在影响地级城市经济增长的诸多因素中，金融集聚的影响程度相对最小。城市经济增长主要还是得益于产业结构调整的优化，其中，工业化进程加快、服务业所占比重提高发挥出了显著的推动作用。城市的投资规模、经济的开放程度等因素也在城市经济增长中发挥了突出的作用。

第二，本书采用“step by step”的建模策略，分别构建普通静态面板空间模型，然后在此基础上增加时期固定效应的估计、空间固定效应的估计、空间与时间双固定效应估计，依次进行分析，如果忽略地区差异（即地区固定）势必导致回归结果的偏差。因此基于双固定效应模型进一步进行实证检验发现，从城市总体视角来看，金融集聚的经济增长效应为负，很大程度与地区差异有关。而对 285 个城市样本进行区域划分后的结果明显不同，东部地区的金融聚集程度对当地经济发展具有显著的正向促进作用，而中部和西部的金融聚集程度则对当地经济发展实际上起到的是负向的抑制作用，说明金融集聚的经济增长效应的作用效果与区域差异有一定的关联性。

6　金融集聚的经济增长效应的空间依赖性分析：溢出效应

基于上一章的分析可知，空间效应是指各地区间的经济地理行为之间存在的空间相互作用，某一地区的经济变量的变化不仅受到本地区其他经济变量的影响，也会受到其他地区的影响。金融集聚通过空间相关性和空间异质性作用于城市经济增长，且空间异质性决定了我国金融集聚的经济增长效应在城市层面存在的异质性，而空间依赖性决定了不同城市的相互关联和相互依赖性，基于上一章的分析，金融集聚有可能存在空间溢出效应，为了进一步了解金融集聚的影响与冲击，识别金融集聚的经济增长空间效应中的溢出效应，接下来将对金融集聚的空间溢出效应进行分解，并对其效应作用大小进行测算。

6.1　空间溢出效应的分解

6.1.1　直接和空间溢出效应测算

特定空间决策单元解释变量对该地区被解释变量本身的作用可定义为直接

效应（Direct Impact），解释变量通过空间交互作用对其他地区被解释变量的作用可定义为间接效应或空间溢出效应。LeSage 和 Pace（2009）认为如果自变量的空间滞后回归系数不为零，便可以通过回归系数来解释自变量对因变量的空间溢出效应。

简单来说，总效应则为总体的空间溢出效应，是指金融集聚对全部地区造成的平均影响，等于直接溢出和间接溢出之和。直接效应是指某个地区的解释变量对被解释变量的影响，而对除了本地区以外其他地区该解释变量没有影响。间接效应是指某个地区的解释变量对除了本地区以外其他地区被解释变量的影响，而对本地区该解释变量没有影响。通过控制该解释变量可以促进一个地区以外的其他地区的被解释变量的提高，表 6－1 给出了不同空间计量模型的直接效应与间接效应。

表 6－1　不同模型设定的直接效应和间接效应

	直接效应	间接效应
OLS/SEM	β_k	0
SAR/SAC	$(I-\delta W)^{-1}\beta_k$ 的对角线元素	$(I-\delta W)^{-1}\beta_k$ 的非对角线元素
SLX/SDEM	β_k	θ_k
SDM/GNS	$(I-\delta W)^{-1}(\beta_k+W\theta_k)$ 的对角线元素	$(I-\delta W)^{-1}(\beta_k+W\theta_k)$ 的非对角线元素

资料来源：Halleck Vega 和 Elhorst（2012）。

其中，矩阵 W 的第 i、第 j 个元素是 w_{ij}。结果表明，直接效应与间接效应对不同样本单位来说是不一样的。直接效应对应式（6－2）中右边矩阵对角线元素的均值；而间接效应是用非对角线元素的行或列的均值来衡量。具体来说，若 $\rho=0$ 且 $\theta_k=0$，则不存在间接效应。我们将 $\theta_k\neq0$ 时的间接效应也称为局部效应。若 $\rho\neq0$ 时称为全局效应，其还受到非邻近区域的影响。为了能够更加清楚地了解直接效应与间接效应，表 6－1 给出了不同模型估计空间效应，很明显与 β 和 θ 两部分有关。

在以往的研究中，通过空间杜宾模型进行空间溢出效应分析得较多，空间杜宾模型中的直接效应与间接效应是进一步检验空间溢出效应的重要手段。LeSage 等认为利用偏微分的方法可以解释不同模型设定中变量变化的影响，对模型进行改进，是为了对所设定的模型的估计结果进行合理说明，通过给出空间滞后解释变量对此进行说明，具体来说，将 SDM 模型右侧含有因变量的项目移到左侧，等式两边左乘（$I-\rho W$）$^{-1}$。则 SDM 模型及其对应的偏微分矩阵有：

$$Y=\alpha(I-\rho W)^{-1}+(I-\rho W)^{-1}(X\beta+WX\theta)+\varepsilon(I-\rho W)^{-1} \tag{6-1}$$

$$\left[\frac{\partial Y}{\partial X_{1K}}\cdot\frac{\partial Y}{\partial X_{NK}}\right]=(I-\rho W)^{-1}\begin{bmatrix}\beta_k & w_{12}\theta_k & \cdots & w_{1N}\theta_k\\ w_{21}\theta_k & w_{22}\theta_k & \cdots & w_{2N}\theta_k\\ \vdots & \vdots & & \vdots\\ w_{N1}\theta_k & w_{N2}\theta_k & \cdots & \beta_k\end{bmatrix} \tag{6-2}$$

基于式（6－2），最右侧的矩阵中对角线元素的平均值定义为直接效应，而每行或者列中的非对角线元素的和的均值可以被认为是间接效应，也称之为溢出效应。其中第 k 个变量产生的变化对内生变量产生的直接冲击等于相邻区域产生的溢出效应的平均取值，并且溢出效应是由内生变量与距离矩阵相乘产生的。

6.1.2 金融集聚空间溢出效应分解

接下来本书需要进一步展开对金融集聚空间溢出效应的分解，但是具体采用何种空间面板模型，我们会在后续研究中首先进行验证，并探究其空间溢出效应作用的大小，进而分析金融集聚对经济增长的直接效应、间接效应与总效应。同时需要特别说明的是，空间 Durbin 模型的估计参数并不代表直接效应和间接效应的大小。

金融资源的空间分布具有非均衡性和高度流动性，随着理论研究的推进，地理空间的理念逐步引起重视（王修华和黄明，2009）。金融资源和金融机构不断集聚，逐渐成为金融中心、金融增长极和金融支点，并对经济增长产生溢出效应。

金融集聚对于经济增长的空间效应可以体现为对本地区经济增长存在的直接效应及对其他“相邻”区域经济增长是否具有溢出效应。起初，随着世界经济全球化的发展，优越的区位条件、劳动力要素等成为金融集聚的必要条件。同时，为区域经济提供融资的各种途径，并最终推动整个区域的经济增长。

通过第3章金融集聚影响经济增长效应机理和前述内容的探讨，金融集聚的过程就是金融要素地域上集中的过程，而金融集聚之所以会引致经济增长，其中重要的机理就是金融集聚可以带来要素的区域内积累，在各种要素积累的过程中，金融集聚在城市经济增长中能否实现溢出作用。

总的来说，金融集聚产生的直接效应更主要强调的是对本地区经济增长所带来的影响，并不考虑其对于周围或者相邻地区的影响作用。最重要的是通过控制金融集聚因素可以达到提高本地区的经济增长。而金融集聚的间接效应是指某个地区的金融集聚对周围或者邻近地区的影响作用，即是对除了本地区以外其他地区经济增长的影响。另外，直接效应与间接效应的和为总效应即总体的空间溢出效应，是对全部地区造成的平均影响。金融集聚对经济增长的空间溢出效应可以通过图6－1进行描述。

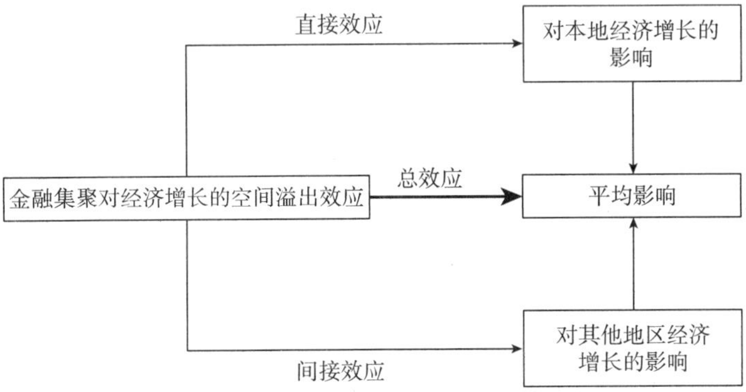

图6－1　空间溢出效应分解图

另外，验证哪种空间模型更适宜分析金融集聚经济增长效应的空间依赖性，即对金融集聚的空间溢出效应进行检验。

6.2 模型选择与设定

6.2.1 理论基础

在经济增长效应的分析中，最终的落脚点是集中于各种影响因素上，集聚与内生增长理论的结合对分析金融集聚的作用机制提供了较为充分的依据。因此，利用内生经济增长模型，将金融集聚因素引入模型进行推导，充分考虑包含资本、劳动及技术变量的内生经济增长理论模型，将金融集聚作为要素代入原本的资本与劳动力作为投入变量的生产函数，则生产函数一般设定为：

$$Y(t)=F[K(t),\ L(t)]=L^{\alpha}(t)K^{1-\alpha}(t),\ 0<\alpha<1 \tag{6-3}$$

其中，K 表示资本投入，L 表示劳动投入，该模型是基于规模报酬不变的前提条件下，同时满足要素投入的正效应和边际递减假定。

$$\frac{\partial Y}{\partial L}\geqslant 0,\ \frac{\partial^2 Y}{\partial L^2}<0$$

$$\frac{\partial Y}{\partial K}\geqslant 0,\ \frac{\partial^2 Y}{\partial K^2}<0 \tag{6-4}$$

其中，生产函数满足 Inada 条件。即

$$\lim_{l\to\infty}\frac{\partial Y}{\partial L}=0,\ \lim_{l\to 0}\frac{\partial Y}{\partial L}=\infty$$

$$\lim_{k\to\infty}\frac{\partial Y}{\partial K}=0,\ \lim_{k\to 0}\frac{\partial Y}{\partial K}=\infty \tag{6-5}$$

基于上述假设对模型进行改变，考虑到金融集聚的作用，因此可以得到生产函数为：

$$Y(t)=K(t)^{\alpha}J(t)^{\beta}F[A(t)L(t)]^{1-\alpha-\beta}\quad(\alpha>0,\ \beta>0,\ <\alpha+\beta<1)\tag{6-6}$$

其中，$J(t)$ 代表金融集聚指标，依据索洛经济模型的基本假设条件可知：

$$\dot{K}(t)=sY(t)-\delta K(t)$$

$$\dot{L}(t)=nL(t)$$

$$\dot{A}(t)=\phi A(t)\tag{6-7}$$

其中，n 代表劳动增长率，ϕ 代表技术进步率，b 代表折旧率，s 代表储蓄率。基于此，资本增长率可以表示为 $g_k=sg_r-\delta$；而劳动增长率为 $g_l=n$；技术进步增长率为 $g_a=\phi$。

基于对动态增长率的解释，首先对式（3－35）取自然对数，其次对时间求导数，即可得各变量的增长率之间的关系。

$$\ln Y(t)=\alpha\ln K(t)+\beta\ln J(t)+(1-\alpha-\beta)[\ln A(t)+\ln L(t)]\tag{6-8}$$

对时间求导数可得：

$$g_r=\alpha g_K+\beta g_J+(1-\alpha-\beta)(g_A+g_L)\tag{6-9}$$

进一步变形得：

$$g_r=\alpha g_K+\beta b+(1-\alpha-\beta)(\phi+n)\tag{6-10}$$

由 $g_k=g_r$ 可知，

$$g_r=\frac{(1-\alpha-\beta)(\phi+n)+\beta b}{1-\alpha}\tag{6-11}$$

由此可知，劳动和技术对经济增长率分别为：$\frac{(1-\alpha-\beta)\ n}{1-\alpha}$ 和 $\frac{(1-\alpha-\beta)\ \phi}{1-\alpha}$。而金融集聚对经济增长的推动力为$\frac{\beta b}{1-\alpha}$，说明二者之间存在正相关关系，在达到最优的一定规模之前，金融集聚对经济增长的边际贡献是递增的。总的来说，经济增长率取决于金融集聚、劳动、资本和技术进步带来的影响。

6.2.2 模型构建

通过第4章的空间统计分析和空间分位图的可视性结果，并结合后续关于空间相关指数的分析，金融集聚与经济增长之间存在空间相关性。因此可以就金融集聚的空间进行进一步的检验。一是通过实证分析判断金融集聚的空间溢出效应是否存在，二是检验空间溢出效应的作用大小。

本书采用空间面板模型实证分析金融集聚对经济增长的空间溢出效应。首先对空间面板模型进行选择，且根据体现空间因素的不同特征，判断空间面板模型有很多种类型。在第一节的分析中可知，空间面板模型都能进行直接效应、间接效应和总效应的分解。首先，主要基于三种基本的空间计量模型进行设定；其次，检验哪种模型更适用。

基于本书研究，将金融集聚对经济增长的空间滞后模型（SLM）设定为：

$$\ln rpgdp_{it} = \beta_0 + \beta_1 \ln lq_{it} + \beta_2 \ln X_{it} + \rho \sum_j w_{ij} \ln rpgdp_{it} + \varepsilon_{it} \quad (6-12)$$

其中，$\rho \sum_j w_{ij} rpgdp_{it}$ 为空间滞后变量；w_{ij} 为空间权重矩阵；ρ 为空间自回归系数。估计值反映空间相关性的大小和方向。

另外，SEM模型通常是忽略空间滞后项的影响来考察金融集聚空间溢出效应的模型：

$$\ln rpgdp_{it} = \beta_0 + \beta_1 \ln lq_{it} + \beta_2 \ln X_{it} + \lambda \sum_j w_{ij} \varepsilon_{it} + \mu_{it} \quad (6-13)$$

式中，λ 代表空间误差自相关系数，用来表示回归残差之间的空间自相关强度；$\lambda \sum_j w_{ij} \varepsilon_{it}$ 代表空间滞后误差项。

忽略其他因素的影响，则用于考察金融集聚对经济增长影响的SDM模型：

$$\ln rpgdp_{it} = \beta_0 + \beta_1 \ln lq_{it} + \beta_2 \ln X_{it} + \beta_3 [W\_ \ln lq_{it}] + \beta_4 [W\_ \ln X_{it}] + \sum_j w_{ij} \ln rpgdp_{it} + \varepsilon_{it} \quad (6-14)$$

其中，下标 i 表示省份，t 表示年份，$\ln rpgdp_{it}$ 表示被解释变量即城市的人均GDP，$\ln lq_{it}$ 表示金融集聚度，$\ln X_{it}$ 表示控制变量集合，w_{ij} 表示空间权重矩阵，ρ 表示空间滞后回归系数，用来反映观测的样本值之间的空间依赖性。$W\_\ \ln lq_{it}$、$W\_\ \ln X_{it}$ 分别表示金融集聚及各控制变量的空间变量。

这些模型的选择可以参照 Anselin 在 2005 年出提出的模型选择方法，即用拉格朗日乘子（Lagrange Multiplier，LM）来检验。估计方法采用 Shehata、Emad Abd Elmessih 和 Sahra Khaleel A. Mickaiel（2014）提出的最大似然估计方法来完成，该方法可以不需要像传统的 OLS 估计那样满足严格的经典假设，甚至在残差不服从正态分析的条件下也能得到较好的估计效果。

表 6-2　空间面板模型估计结果

变量	SLM	SEM	SDM
lnLQ	0.0440439*** (2.34)	0.0448124*** (2.43)	0.0353665** (1.80)
lnOPEN	0.1530415*** (11.61)	0.1500303*** (11.42)	0.1454556*** (11.20)
lnEDU	0.0913549*** (15.98)	0.0898298*** (15.42)	0.0945979*** (15.62)
lnGOV	-0.1605834*** (-2.20)	-0.2028051*** (-2.66)	-0.3949952*** (-4.62)
lnMOBILE	0.005652*** (2.13)	0.006905*** (2.62)	0.014785*** (5.20)
lnRPINV	0.1404439*** (11.34)	0.1302245*** (11.51)	0.1412505*** (11.21)
lnIND	0.2543015*** (13.61)	0.2642187*** (12.33)	0.235401*** (13.37)
lnSER	0.1914735*** (10.28)	0.190021*** (10.41)	0.192741*** (11.41)
lnPOP	-0.1123574*** (-1.11)	-0.1234157*** (-1.01)	-0.131007*** (-1.12)

续表

变量	SLM	SEM	SDM
w_ lnLQ			0. 028395 *** (2. 69)
w_ lnOPEN			-0. 0052562 (-0. 69)
w_ lnEDU			-0. 0070058 *** (-3. 82)
w_ lnGOV			0. 0781858 ** (2. 30)
w_ lnMOBILE			-0. 005007 *** (-4. 76)
w_ lnRPINV			0. 0952562 (2. 32)
w_ lnIND			0. 270058 *** (3. 82)
w_ lnSER			0. 0781858 ** (2. 30)
w_ lnPOP			-0. 005007 *** (-3. 71)
_ cons	-0. 325553 *** (-7. 46)	-0. 2989684 *** (-6. 39)	-0. 2905522 *** (-6. 07)
Rho	-0. 0081372 ** (-2. 06)		0. 041568 *** (1. 87)
Sigma	0. 0474921 *** (20. 494)	0. 046853 *** (20. 49)	0. 0431215 *** (20. 41)
Lambda		0. 0196935 *** (2. 75)	
N	26009	26009	26009
Adj_ R^2	0. 8821	0. 8787	0. 9013
Loglikelihood 值	341. 9035	344. 5973	361. 3742
LM - SLM（P 值）	0. 9595	0. 9459	0. 0000
Robust LM - SLM（P 值）	0. 9841	0. 9083	0. 0000

续表

变量	SLM	SEM	SDM
LM－SEM（P值）	0. 8813	0. 7324	0. 0000
Robust LM－SEM（P值）	0. 8813	0. 7324	0. 0000

注：*** 表示在1%水平上显著，** 表示在5%水平上显著，* 表示10%水平上显著。

根据表6－2的结果，同时鉴于空间滞后回归系数在1%的水平上显著并且值为正，这说明不能忽视空间效应的影响。从模型的LM_ SLM、LM_ SEM检验结果来看，SDM模型的所有LM统计量在1%水平上显著，可以考虑SDM模型。再从对数似然函数值来看，SDM为361. 3742，远大于其他两个模型，综合SDM、SLM和SEM模型的估计结果和相应的检验，空间杜宾模型SDM是最适合的选择。因此本书后续的分析重点以SDM模型为依据。相对于其他模型，空间杜宾模型的优势表现在一是能够直接区分直接效应和间接效应；二是更合理的模型参数，能够得到更为恰当的模型系数。因此，综合考量空间杜宾模型是最好的选择。

因此，本章采用空间Durbin模型。验证金融集聚对经济增长的直接影响和空间溢出效应并进行测算。模型设定仍为式（5－6）。

6.3　金融集聚空间溢出效应检验

6.3.1　变量与数据说明

本章的研究是前一章分析的递进过程，为保持本书研究的一致性，在数据的选择和变量定义方式与第5章相一致。变量说明如表6－3所示。

数据选取的样本区间仍然为2005～2014年，涉及285个地级及以上城市面板数据，并以此作为研究对象，但是其中拉萨由于较多数据并未进行正规的统计，虽然其为省会城市，但考虑到整体数据的完整性，因此将其删除。在城市统计年鉴中，城市设地有两个范畴（市辖区和全市），本书涉及的范畴统计口径选择较为稳定的全市数据指标，对于个别异常数据我们参照各省的统计年鉴进行了调整。数据来源于 CCER 中国地区经济数据库，部分缺失数据使用历年《中国统计年鉴》《中国区域经济统计年鉴》和《新中国 60 年统计资料汇编》进行校对和补齐。

表 6-3 变量说明

变量	变量含义
实际人均 GDP	以 2000 年不变价表示的实际人均 GDP 作为经济增长的代理变量
金融集聚度	区位熵计算金融集聚程度
人均固定资产投资	各城市每年实际完成的人均固定资本投资额
人力资本水平	每年普通高等学校在校人数以及中等学校在校人数占城市人口总数
政府对经济干预度	扣除科学事业费和教育事业费的财政支出占 GDP 比例
信息基础设施	人均实际邮政电信业务总量
对外开放水平	年度平均汇率（元/美元）计算进出口的额度占 GDP 比例
第二产业增加值占比	各城市第二产业增加值占城市 GDP 的比例
第三产业增加值占比	各城市第三产业增加值占城市 GDP 的比例
市场规模（经济密度）	用人口密度表示市场规模的大小

6.3.2 实证分析

虽然前文实证过程中发现地理距离的空间权重对模型的拟合效果更好，但是接下来的分析仍然会对地理距离空间权重和经济距离空间权重分别进行验证，证明金融集聚对城市经济增长的直接影响与空间溢出效应，并分析其中的差异。结合前文分析，本书采用的地理距离权重，即指数距离衰减的空间权重矩阵对城市间的相互作用进行加权。

各城市之间的距离（DIS）是基于各城市的经纬度地理坐标得到的，基于此构建了原始空间权重矩阵，本节利用 Matlab 软件调用 Elhorst 编写的空间面板模型程序包，结合此处的变量及考虑到溢出效应与地理距离的增加而衰减。“经济距离”作为空间权重矩阵，在研究中引入经济空间权重矩阵。使用地区间人均 GDP 的差额作为测度地区间“经济距离”的指标。

原始空间权重矩阵经过行标准化引入空间面板模型。尽量避免由于主观设置带来的质疑。基于不同的权重对金融集聚的空间溢出效应进行分析并比较。我们常说的直接效应和间接效应也可以称之为区域内溢出和区域间溢出。在方向上，可以区分为正向溢出和负向溢出。具体分析如表 6－4 所示。

表 6－4　两种不同权重矩阵的 SDM 直接和间接效应检验

		采用地理距离矩阵权重			采用经济距离矩阵权重		
		直接效应	间接效应	总效应	直接效应	间接效应	总效应
LNLQ	系数	0.7958	0.0821	0.8779	0.0247	0.3921	0.4168
	t 统计量	3.7399	3.7907	0.7927	1.2677	3.1870	3.4488
	t 概率	0.0002	0.0002	0.4280	0.2050	0.0015	0.0006
	1% 下界	0.2203	1.3941	0.1107	－0.0243	0.0574	0.1001
	99% 上界	1.3433	0.2416	0.0589	0.0762	0.7348	0.7431
LNRPINV	系数	0.4260	0.0630	0.4890	0.7310	－0.2435	0.4875
	t 统计量	35.1028	1.0127	7.9739	4.4917	－1.4607	18.2670
	t 概率	0.0000	0.3113	0.0000	0.0000	0.1442	0.0000
	1% 下界	0.3933	－0.1006	0.3302	0.3305	－0.6588	0.4153
	99% 上界	0.4571	0.2210	0.6444	1.1374	0.1547	0.5539
LNEDU	系数	－0.0915	－0.0195	－0.1109	－0.0809	－0.0139	－0.0948
	t 统计量	－7.4980	－0.2781	－1.5774	－7.0892	－0.4561	－2.8555
	t 概率	0.0000	0.7810	0.1148	0.0000	0.6484	0.0043
	1% 下界	－0.1240	－0.2273	－0.3114	－0.1083	－0.0873	－0.1853
	99% 上界	－0.0609	0.1867	0.0979	－0.0542	0.0665	－0.0076

续表

		采用地理距离矩阵权重			采用经济距离矩阵权重		
		直接效应	间接效应	总效应	直接效应	间接效应	总效应
LNGOV	系数	-0.4038	-0.1002	-0.5039	-0.3988	-0.0384	-0.4372
	t 统计量	-21.9678	-0.7173	-3.6068	-21.5009	-0.8410	-8.8768
	t 概率	0.0000	0.4732	0.0003	0.0000	0.4004	0.0000
	1% 下界	-0.4499	-0.4822	-0.8709	-0.4488	-0.1628	-0.5630
	99% 上界	-0.3592	0.2549	-0.1713	-0.3536	0.0725	-0.3194
LNMOBILE	系数	-0.0682	-0.0462	-0.1144	-0.0709	-0.0467	-0.1176
	t 统计量	-5.5747	-0.7870	-1.9766	-6.0354	-1.5150	-3.4855
	t 概率	0.0000	0.4313	0.0482	0.0000	0.1299	0.0005
	1% 下界	-0.1002	-0.2179	-0.2849	-0.1008	-0.1332	-0.2124
	99% 上界	-0.0361	0.1029	0.0334	-0.0418	0.0310	-0.0357
LNOPEN	系数	0.0740	0.2043	0.2784	0.0762	0.0278	0.1040
	t 统计量	12.8589	3.5098	4.7798	13.2062	1.8024	6.1166
	t 概率	0.0000	0.0005	0.0000	0.0000	0.0716	0.0000
	1% 下界	0.0588	0.0750	0.1402	0.0612	-0.0128	0.0600
	99% 上界	0.0891	0.3795	0.4571	0.0906	0.0649	0.1475
LNIND	系数	0.5080	0.2513	0.7593	0.5480	-0.4839	0.0641
	t 统计量	10.6779	1.4508	4.3706	12.7107	-4.2417	0.5249
	t 概率	0.0000	0.1470	0.0000	0.0000	0.0000	0.5997
	1% 下界	0.3733	-0.1463	0.3694	0.4322	-0.7612	-0.2504
	99% 上界	0.6277	0.7322	1.2403	0.6517	-0.1918	0.4148
LNSER	系数	0.4742	-0.0837	0.3905	0.4713	-0.0089	0.4625
	t 统计量	10.8263	-0.5359	2.4986	11.2885	-0.0762	3.6823
	t 概率	0.0000	0.5921	0.0125	0.0000	0.9393	0.0002
	1% 下界	0.3662	-0.4938	-0.0410	0.3668	-0.3019	0.1551
	99% 上界	0.5812	0.3017	0.7708	0.5674	0.2854	0.7858
LNPOP	系数	-0.1097	-0.1193	-0.2290	-0.1131	0.0302	-0.0829
	t 统计量	-11.2483	-1.6291	-3.1343	-11.3163	1.1101	-2.8556
	t 概率	0.0000	0.1034	0.0017	0.0000	0.2671	0.0043
	1% 下界	-0.1342	-0.3701	-0.4696	-0.1418	-0.0412	-0.1561
	99% 上界	-0.0845	0.0353	-0.0741	-0.0900	0.0988	-0.0069

从表6－4来看，采用地理距离权重矩阵和经济距离权重矩阵，进行SDM直接和间接效应及空间溢出效应检验，是存在一定的细微差异的。通过比较分析来看，当采用地理距离权重矩阵的时候，金融聚集（LNLQ）的直接效应、间接效应和总效应系数则分别为0.7958、0.0821和0.8779。但是当采用经济距离权重矩阵的时候，金融聚集（LNLQ）的直接效应系数为0.0247，间接效应系数为0.3921，总效应系数为0.4168，不同权重矩阵的空间分析一直表明金融集聚的经济增长效应的影响都显著为正。但是在经济距离权重下的系数值上来看，间接效应大于直接效应，说明在采用了经济距离权重后，金融集聚对周边地区产生了更大的空间溢出效应，金融集聚对其他地区的经济增长带动作用更强。

同样，在其他变量的比较过程中，在采用地理距离权重矩阵的情况之下，政府干预直接效应系数均为负值，而在采用经济距离权重矩阵的情况之下，两个变量的直接效应系数同样均为负值，政府的过度干预有可能抑制本地区经济的增长，地方政府对金融集聚的认识较为片面，单纯认为金融集聚是指对金融资源的不断获取即可形成的。因此通过各项形成手段和优惠政策吸引金融机构的进入，通过增加金融机构的数量的简单方式以达到获取更多金融资源的目的，过多地干预导致的结果是政府忽略了在金融业发展的过程中，金融资源优化布局以及金融机构质量的作用，虽然大量优惠政策促使金融集聚形成，但集聚效应不显著成为普遍存在的问题。

人均资本存量、通信、对外开放程度、二三产业占比及人口密度在不同的空间权重下表现出直接效应为正，说明人均资本存量、通信、对外开放程度、二三产业占比及人口密度对本地经济增长有促进作用。然而，从间接的效应来看，此时表现出来的结果为负值。但是从空间溢出效应来看，说明区域间存在负的增长效应，也即周边地区在产业、资本和劳动力等方面的结构调整策略一定程度上存在着空间上负的溢出效应。

两种权重回归结果比较显示，与前文分析结果相似，金融集聚的经济增长效应受地理距离的影响更为显著。首先看基于地理距离的空间距离权重下的分析结果（见表6-4）。金融集聚的总效应为0.8779，其中金融聚集的直接效应系数为正数（0.7958），而间接效应的系数则为负数（0.0824），且在1%的显著性水平下通过检验。意味着在285个城市，提高本地区的金融聚集度是有利于提升本地区经济发展水平的，但是其空间溢出效应稍弱，对于相邻城市经济增长的促进作用不够明显。空间溢出效应的影响效果较低的原因说明金融集聚对相邻城市经济增长有正向的影响作用，但是影响效果小。可能在于金融要素在一定空间范围内总量有限且具有较强的流动性，当某一个城市经济发达，并且实施优惠政策，对金融要素有更强的吸引力，自然对周边城市的经济增长影响减弱。

最后，各地级市金融集聚总效应为正，并且显著性水平在1%下显著。综上分析可知，金融集聚对本地区的经济增长影响是正向效应，有明显的促进作用，但是对邻近城市的空间溢出效应不明显。

由其他控制变量的分析结果可知，首先，人均固定资产投资、通信、进出口占GDP比例、第二产业增加值占比、第三产业增加值占比和经济密度等变量的直接效应系数均在1%水平上显著为正，表明这几个变量对本地区的经济增长具有促进作用。在直接效应系数中，第二产业增加值所占比重的直接效应系数是最高的，高达2.406183，其次，人均固定资产投资，直接效应系数为0.689053，这表明285个城市的工业化进程、产业结构调整和固定资产投资对本地经济增长有正向的溢出效应，但是对周边地区的作用有限。对外开放程度同样对本地经济增长和邻近地区都显著为正，说明对外开放程度在经济增长的推动过程中的作用不仅限于对本地区，同时可以通过有效的空间渠道进行传递，同样会带来周边地区的经济增长。而人力资本不管是直接效应还是空间溢出效应，也都起到正向溢出的作用，同对外开放程度一样，说明人力资本所代表的技术创新和知识水平不仅对本地区经济增长具有促进作用，并且它还能够通过空间溢出效应对地理距离较近的地级市具有更为明显的经济促进作用，使其达到更为强大的经济影响力。最后，政府干预的直接效应为负，系数为 -0.786998，说明地方政府的干预对本地区经济增长有一定的抑制作用，而空间溢出效应为正，表明受本地政府的干预，资源有可能向周边地区流入，在某种程度上对周边邻近城市的经济增长有正向促进作用。

同时应注意，在控制变量中，除人力资本和政府干预两个变量以外，其他变量的直接效应系数为正数，则相应的间接效应系数均为负数，而如果变量的直接效应系数为负数，则相应的间接效应系数均为正数，并且总效应均为正数。这说明金融集聚经济增长效应的空间起到正向促进作用。

对比表6-4、表5-3、表5-4、表5-5、表5-6，发现表6-4中自变量的估计系数与表5-2、表5-3、表5-4、表5-5中自变量的系数值不同，原因在于背后的反馈效应，即金融聚集从一个城市传到另外一个城市，再由另外一个城市传回该城市，抑或是多步反馈，即金融聚集在多个城市之间进行传递。理论上来说，上述的传递过程应该属于直接效应，在反馈的过程中及传递性又可以解释为溢出效应，用来反映地区与地区之间的互相依赖和影响作用。而这种反馈效应往往来源于以下两个方面：一是空间滞后因变量，二是空间滞后自变量。从前文的空间相关性检验和可视化的地图均可以呈现出中国区域经济增长的区域差异性和发展的层次性及阶梯形，但是区域之间的经济增长是相互影响的，并存在一定的关联性。另外，在更多情况下，金融集聚的增长效应是直接效应大于间接效应的，因此可以说明金融集聚的直接效应对本地经济增长有更强的正向作用。

从上述分析可知，金融集聚的经济增长效应更多地体现在直接效应上，即对本地区的正向溢出效应是存在的。因此，各地方政府不能忽视周边地区的经济发展战略，在考虑自身发展的同时，也要考虑到其他地区，才能达到双赢。由于地区经济发展中总是被动的战略改变，地方政府的博弈和效仿是常态，但是城市间的差别仍然存在。

虽然所有的经济变量并未出现显著的空间溢出效应，同样应该予以重视，调整各个变量的主动性与适应性，发挥其各自的优势。

接下来，依据前文285个地级城市的金融集聚经济增长效应的空间依赖性的分析，选取不同权重发现金融集聚在城市间分布不均匀，呈现出明显的空间层次性与梯度性，通过比较 Lagrange 乘数及其稳健性可知，仍然采用双固定效应的空间杜宾模型分别对东部、中部及西部三大地区城市展开分析。前文的分析认为地理距离的空间权重矩阵具有更好的拟合效果，因此，此处采用地理距离空间权重矩阵进行估计。估计结果如表6－5所示：

表6－5　三大地区金融聚集溢出的空间杜宾模型估计结果

变量	双固定效应空间杜宾模型		
	东部（100个城市）	中部（101个城市）	西部（84个城市）
LNLQ	0.230293***	0.225092**	0.045281**
LNRPINV	0.686340**	0.626371**	0.668363**
LNEDU	0.111997***	0.145303**	0.121918***
LNGOV	－0.809140*	－0.701648*	－0.695285**
LNMOBILE	0.186829**	－0.734230***	0.051828*
LNOPEN	0.272836***	0.341349**	0.201085**
LNIND	2.226769*	2.398063*	2.193966*
LNSER	1.683455**	1.883602***	1.163652***
LNPOP	－0.108092**	－0.067517**	－0.054438**

注：***表示在1%水平上显著，**表示在5%水平上显著，*表示在10%水平上显著。

从表6－5可以看出，对于各个变量的系数，东部和中部，以及西部地区金融集聚对经济增长的影响都在1%的显著性水平上显著。虽然权重选取不同，但是都肯定了金融集聚对三大区域的促进作用，影响作用区域差异较大，西部地区的金融集聚作用并不明显。东部和中部地区的差距明显缩小，但是远远大于西部地区，东部城市最高，中部城市次之，西部城市最低。整体来看，表现出空间差异性与梯度性，另外，三大地区的其他变量也都有显著的正向作用，只有政府干预对经济增长在所有的区域都显示为负向的影响。

鉴于中国区域经济发展区域性的差异明显，地区之间在金融集聚、产业结构、人力资本等方面存在较大差距。接下来深入不同区域的内部城市，再次检验金融集聚在不同区域城市经济增长的作用，并对增长效应进行分解。将全国285个城市划分为东部、中部及西部三大地区，并将样本进行分类。其中东部地区共100个地级城市，西部地区共84个城市，中部地区有101个城市。同样运用LeSage和Pace（2009）[①] 提出的偏微分方法，结合Matlab软件进行分析，空间计量包经过计算得到三大地区在空间杜宾模型下城市金融集聚的各项溢出效应，结果如表6－6所示。

表6－6 三大地区城市金融集聚空间杜宾模型的效应分解

变量	东部城市（100）			中部城市（101）			西部城市（84）		
	直接效应	间接效应	总效应	直接效应	间接效应	总效应	直接效应	间接效应	总效应
LNLQ	0.212315	0.047829	0.260144	0.236461	0.0053810	0.241842	0.046230	0.009909	0.056139
LNRPINV	0.717322	－0.161623	0.555699	0.657382	－0.150796	0.506586	0.697367	－0.158700	0.538667
LNEDU	－0.115321	0.025943	－0.089379	－0.152726	0.034266	－0.118459	－0.126149	0.028388	－0.097761
LNGOV	－0.841855	0.189432	－0.652423	－0.734701	0.166543	－0.568158	－0.727424	0.165102	－0.562323
LNMOBILE	0.195108	－0.043864	－0.063736	－0.766514	0.173610	－0.592904	0.053667	－0.012256	0.041411
LNOPEN	0.283599	0.151245	0.219862	0.356435	－0.080572	0.275863	0.209546	－0.047364	0.162183
LNIND	2.316898	－0.522014	1.794884	2.527223	－0.578067	1.949156	2.334595	－0.546844	1.787751
LNSER	1.751501	－0.394673	2.146174	1.984255	－0.452293	1.531962	1.237263	－0.284408	0.952855
LNPOP	0.114410	－0.025840	0.14025	0.069647	－0.016107	0.053540	0.176404	－0.040335	0.136069

从上表可知，将城市按照区域划分以后的计算结果，同样看到了东部地区的优势。首先看东部地区的金融集聚的效应分解，直接效应系数为0.212315，说明东部地区的城市对本地区的经济增长有促进作用，空间溢出效应系数为0.047829，东部地区的城市不仅对本地区经济增长有促进作用，还会带动周边地区的经济发展，这既有正向的直接效应，又有空间溢出效应。

① 《2015年上海市国民经济和社会发展统计公报》。

而从中部的结果看，金融集聚在这些城市的直接效应显著为正，并且与东部地区差距不大，但是空间溢出效应较小，表明这两个地区的金融集聚对本地区经济增长有促进作用，而对周围地区的带动作用不大。同为相对落后的地区，西部地区的城市金融集聚的影响更弱，中部地区金融聚集度的总效应系数为0.241842，而西部地区金融聚集度的总效应系数仅为0.056139，西部地区城市的金融聚集度的总效应系数最低。直接效应系数也是如此，东部地区城市的金融集聚程度对经济增长的影响略高于中部地区，而西部地区仍然为最低。但是从间接效应来看，中西部地区的空间溢出作用都相对较小，即其空间溢出的作用效果不大。

另外，我国东部地区与其他地区相比较，在其他变量均存在巨大的差异。东部地区城市经济增长的影响因素中，第二产业增加值占比与第三产业增加值占比的直接效应、间接效应和总效应均通过5%的显著性水平检验，并且为正，表明提升工业化水平和加快现代服务业建设，不仅直接促进经济增长，而且能够辐射、带动邻近城市经济增长提升。而对中部和西部地区的情况来看，总效应系数最高的也是第二产业增加值占比，总效应系数分别为1.787751和1.949156，说明第二、第三产业发展在中西部地区对经济增长具有很强的推动力。而人均固定资产、通信及人口密度等变量在所有区域都表现出正向的直接效应和负向的空间溢出效应，总效应都为正，说明其并没有对周边地区产生溢出效应。然而人力资本和政府干预这两个指标的结果说明政府干预过度会阻碍本地区经济的发展。同时，人力资本会对周边地区产生正向的溢出效应，并且中部地区城市的空间溢出效应最大，西部地区仍然最低。

以上分析结果说明，金融服务业更依赖本地市场，空间溢出效应还是十分有限的，因此建立区域金融中心有利于整合本地的金融资源，尽可能多地对周边地区进行辐射。如果只是北京、上海、深圳这些重要城市建立金融集聚中心，其作用效果有限。如果能够在区域内建立各区域的金融中心，发挥其作用能够更好地带动地区经济增长。

6.4　本章小结

本章选取2005～2014年全国285个地级及以上城市的面板数据，运用空间计量方法，并基于模型的选择与检验，选取了空间杜宾模型作为研究的基础。通过分解金融集聚的空间溢出效应，测算直接效应和间接效应，研究结果表明：

首先，金融集聚对城市经济的增长具有溢出效应。以285个城市作为样本进行总体分析发现，金融集聚会对所在城市的经济增长产生促进作用，但是对周边城市经济增长所产生的空间溢出效应并不显著，对于相邻城市经济增长的促进作用不够明显，尤其是在经济欠发达地区，这种溢出效应更加不显著。究其原因，可能在于金融要素在一定空间范围内总量有限且具有较强的流动性，当某一个城市经济发达，并且实施优惠政策，对金融要素有更强的吸引力。因此城市之间的合作交流，强强联合，以强带弱的发展方式必不可少。

其次，深入到区域内部城市分析后，东部地区城市金融集聚不仅具有直接效应，同时空间溢出效应也十分显著，说明金融集聚对周边城市的带动作用显著。而其他两个区域内城市虽存在正向的空间溢出效应，但是作用效果不大。由分析可知，东部地区城市间经济发展较平衡，而且地理距离相对紧密，而中西部地区城市间经济发展差异较大，地理距离相对较远，城市间联系相对较弱。由此可见，地理距离对金融集聚的空间溢出效应有一定的影响。

最后，从长期来看，工业化水平提升、产业结构改善仍然是城市经济增长的最主要推动力量，而政府干预等其他因素甚至起到一定的抑制作用。在不同地区，如果金融集聚对经济增长的促进作用得不到有效的发挥，会阻碍我国经济以更高效、更健康的方式快速发展，这些都表明中国的金融市场发展还很不完善，金融体制改革空间很大。

7 结论与展望

改革开放以来，中国经济的增长速度极大地推进了中国经济整体实力的提升，但是与之相伴的是地区经济发展的差异仍然较大。本书从城市层面研究视角出发，对金融集聚的经济增长效应机理分析，并以金融集聚为切入点，运用定性描述和定量分析相结合及空间统计和空间计量的方法，全方位、多层次地探讨我国金融集聚的经济增长效应。在实证分析中，利用 2005～2014 年中国 285 个地级城市的数据，结合空间地理经济学的相关内容，构建空间模型对金融集聚经济增长效应进行分析。并进一步对金融集聚的经济增长的空间效应进行分解，以便更直接地了解金融集聚对城市经济增长的直接效应、间接效应和总体效应的影响与冲击，并将其影响作用量化。接下来，将对本书的主要结论和政策建议进行简单总结与介绍。

7.1 主要结论

本书按照现象—作用机制—政策效果的路径，对中国金融集聚的发展进程进行了全面的总结和研究，结合国内外相关理论，特别是金融集聚与经济增长的关系进行了梳理，研究发现对于金融集聚与经济增长的研究多集中在时间维度上，那么如果想更深入地挖掘二者之间的关系，空间维度的研究是不二选择。然而，由于我国经济发展水平的层次性，区域金融资源在空间分布的不均衡性，城市经济发展的侧重点不一致，金融资源更愿意集中于大都市和发达地区，因此，城市金融集聚对城市经济增长效应及作用的差异也相对较大。通过前文分析，我们主要得出以下结论：

（1）对于城市而言，金融集聚不会是无限制的，一个事实就是金融业更容易集中于一个国家或地区的经济、交通及商业中心。虽然金融集聚的经济增长效应越来越明晰，为区域经济发展提供了更多的优势。但是这些区域中心会具有较高的成本，从而也会带来一定的负效应。本书将金融部门引入到局部溢出模型，由此刻画了金融集聚经济增长效应机理，并最终完成金融集聚经济增长效应的机理梳理。研究发现金融资源在不断地向发达地区集中，而城市的金融集聚程度不断强化，并呈现出典型的空间分布格局。金融集聚度越强，经济溢出效应越显著。金融机构、金融资源在集聚的过程中，会引致大量其他要素资源的聚集，从而加速了金融集聚。金融集聚的形成有助于金融机构与其他相关行业的交流，提高金融资源的配置效率，降低资金周转速度。同时地理位置的接近更有利于金融机构共享信息，积极参与到金融活动之中，便于资金使用的双方的信息交流更加充分，从而减少交易成本，实现规模经济，有利于促使城市经济快速增长。因此，在金融集聚形成的过程中产生的规模经济、构建的金融网络体系以及派生出的金融创新活动并不是单独起作用的，他们之间彼此会相互影响、相互作用从而形成合力，并通过“自我强化”提升经济增长水平，对经济增长产生溢出效应。

（2）本书基于不同金融行业的分析发现，金融资源向东部核心区域集聚的态势极为明显，我国金融资源一般是指银行业的存贷款，相对于银行业的发达，我国保险市场、证券市场比较落后，而诸如保费、股票、债券、基金等金融资源数量相对较少，说明金融资源种类集聚的现象也十分明显。同时对金融集聚的空间演化过程进行了分析，说明金融集聚具有明显的层次性。并进一步深入到城市层面，北京、上海及深圳等城市相较于其他城市具有较强的集聚特征，他们不仅是我国最发达的城市，同时还是我国三大经济增长极的核心城市。因此，对各自所在地区的经济发展，甚至全国的经济增长都发挥着重要的带动和辐射作用。但是我国城市金融集聚与世界金融中心发展差距仍然很大，金融资源过度集中于相对发达的城市和地区，必然会在某种程度上加大我国区域经济发展的差距。

（3）基于对城市经济活动及金融集聚的空间分布状况及空间分布格局的变化历程的描述和分析，发现金融集聚的分布状态与经济发展水平存在明显的空间关联性。通过对我国2005~2014年各城市的人均GDP和金融集聚进行全局和局部聚类检验分析，并以我国285个地级城市为样本，对金融集聚与经济增长的空间相关性进行检验。结果可知，全国285个地级以上城市的人均实际GDP与金融集聚度都具有显著的空间正相关性，并且随着时间的推移，这种空间正相关性越来越强，相邻城市的人均实际GDP与金融集聚度存在空间依赖性，即与人均实际GDP较高城市相邻的城市，其人均实际GDP也较高，而与人均实际GDP较低城市相邻的城市，其人均实际GDP也较低。同样地，与金融集聚度较高城市相邻的城市，其金融集聚度也较高，而与金融集聚度较低城市相邻的城市，其金融集聚度也较低。也就是说，人均实际GDP和金融集聚度在空间上表现出明显的正向聚集分布的状态。通过比较分析方法可知，金融集聚水平相似的地区在空间上都是相邻的，金融集聚的空间集聚特征都十分显著。借助Arcgis软件平台，也可明显看出，金融集聚呈现东—中—西阶梯分布状态，不平衡发展的空间格局非常明显。东部沿海城市为高集聚区，其他城市为低集聚区，这一现象与城市经济发展程度有一定关系。

同时值得注意的是，这种人均实际GDP与金融聚集度水平的高—高集聚和低—低集聚现象，一方面说明了区域经济发展和金融聚集度存在一定的空间依赖性，另一方面也表明由于城市之间的相互作用与影响日益增强，以城市为中心，形成了带状空间分布，也正是因为金融活动的空间分布及金融集聚的不断深化，改变着经济增长的路径。

（4）金融集聚使得金融资源形成了地理上的集聚化发展趋势，本书基于中国金融空间非均衡分布的背景，通过对金融集聚与城市经济增长的空间异质性进行实证分析，根据以往研究结果和本书的研究内容选定了影响经济增长的多个变量，考虑到我国金融集聚的空间地理特征，运用较为前沿的空间计量分析方法进行实证检验，实证结果显示：①首先基于新古典经济增长理论构建的基准模型之上，分别给出了静态面板的基准模型、空间固定效应模型、时期固定效应模型和双固定效应模型的估计结果。在所研究的样本期间，得出地级城市的人均实际GDP或经济增长，在影响经济增长的诸因素之中，金融聚集因素的影响程度反而是最小的，说明城市经济增长更多地得益于产业结构调整，工业化进程、服务业占比提高，然后仍然主要以依靠投资拉动、经济开放度等因素为主。②对金融集聚的经济增长效应所表现出的区域异质性进行了探析。基于双固定效应模型研究发现，将全国地级城市行政区域划分为三个类型区域，将285个地级分别进行行政区域划分，可以很明显地看到区域之间发展的不均衡性。同时，基于空间地理距离权重和经济距离权重的比较发现金融集聚经济增长效应也具有较大区域差异性，地理距离的权重下金融集聚对经济增长效应效果更明显。③揭示了地级城市金融集聚的经济增长效应存在的区域差异，并对其加以检验。总体来看，空间单位越小，空间关联越大，越不容易忽视空间内部的差异，通过对全国285个地级城市进行分析，研究发现金融资源加速向中心城市或沿海城市集聚，金融集聚在地级城市经济发展的不均衡性十分显著。金融集聚的经济增长效应空间异质性不仅是量上的差异，更多体现在作用效果的差异。纳入空间距离分析之后，这种差异性会明显表现出来。本书采用“step by step”的建模策略，分别构建普通静态面板空间模型，然后在此基础上增加时期固定效应的估计、空间固定效应的估计、空间与时间双固定效应估计，并依次进行分析，因此基于双固定效应模型进一步进行实证检验发现，如果忽略地区差异（即地区固定）势必导致回归结果的偏差。从城市总体视角来看，金融集聚的经济增长效应为负，很大程度与地区差异有关。而对285个城市样本进行区域划分后的结果明显不同，东部地区的金融聚集程度对当地经济发展具有显著的正向促进作用，而中部和西部的金融聚集程度则对当地经济发展实际上起到的是负向的抑制作用，说明金融集聚的经济增长效应的作用效果与区域差异有一定的关联性。④从区域划分上进行分析，金融集聚在中西部城市均产生了较为显著的抑制作用，结果说明虽然近年来我国的政策导向向中西部地区有倾斜，但是主要是依托实体经济为主的政策，从西部大开发和中部崛起的战略实施过程来看，若不针对中西部地区所具备的经济特征有针对性地提出有效的金融政策，金融集聚对落后地区的经济增长的影响有可能会不进反退。金融集聚是影响城市经济发展差异的原因之一，同时城市经济的发展也为金融集聚提供了相应的必要条件，在经济圈内，选择基础较好的城市建立金融集聚中心，以增长极带动区域经济发展，可以形成良性循环，有利于缩小落后地区与发达地区经济的差距。

（5）本章选取2005~2014年全国285个地级城市的面板数据，基于模型的选择与检验，最终选取了空间Durbin模型进行分析。通过分解金融集聚的空间效应，并对直接和间接效应进行测算，更深入地了解金融集聚增长的空间溢出效应。研究结果发现：①金融聚集在城市经济增长空间溢出效应的分析中，发现存在着正向直接溢出效应，即对本地经济增长有一定的促进作用，但是空间溢出效应较小，说明金融集聚对周边地区经济增长的溢出效应不明显，尤其是在经济欠发达地区，这种溢出效应更弱。因此城市之间的合作交流，强强联合，以强带弱的发展方式必不可少。②深入到区域内部的城市进行分析后，东部地区城市金融集聚不仅具有直接效应，同时空间溢出效应也十分显著，说明金融集聚对周边城市的带动作用显著。而其他两个区域内城市虽存在正向的空间溢出效应，但是作用效果不大。由分析可知，东部地区城市间经济发展较平衡，而且地理距离相对紧密，而中西部地区城市间经济发展差异较大，地理距离相对较远，城市间联系相对较弱。由此可见，地理距离对金融集聚的空间溢出效应有一定的影响。③通过分析证明，金融集聚的空间溢出效应与城市间地理距离的变化有极强的关联，从城市角度分析，东部城市与中西部城市金融集聚经济增长效应的不同体现在于，其不仅存在显著的正向的直接效应还存在正向的间接效应。这不仅对本地经济增长有促进作用，还可以带动周边相邻地区的经济增长。虽然不同区域内城市金融集聚均存在显著为正的溢出效应，而且这种空间溢出效应随地理距离变化呈现出先升后降的模式，地理距离不同所带来的经济增长效应的结果不同，这一结论为我国目前经济圈的划分提供一定的事实依据。

从长期来看，工业化水平提升、产业结构改善仍然是城市经济发展的最主要推动力量，而政府干预等其他因素甚至起到一定的抑制作用。如果在不同地区金融集聚对经济增长的促进作用得不到有效的发挥，会阻碍我国经济以更高效、更健康的方式快速发展，这些都表明中国的金融市场发展还很不完善，金融体制改革空间很大。

7.2 政策与建议

基于经济增长和集聚理论的相关研究，本书借助空间计量经济学研究方法进行实证分析。从现实来看，中国是一个经济发展非均衡的国家，经济金融发展的区域性极为明显，各级政府对金融集聚形成起到了决定性的作用，其支持方式和力度应遵从地区经济发展的规律及各自的特征。也就是说，政府不能盲目地推动金融集聚的发展，而应当依托于本地经济，根据自身金融资源的优势，发挥金融集聚因素影响的积极作用，通过合理定位城市发展战略的同时，引导不同城市金融集聚发展模式，加快金融宏观制度改革及金融市场建设、加大政府支持力度、加强金融人才市场建设及加快信息基础设施的建设步伐等方面提升金融业的核心竞争力，为城市经济的发展提供良好的金融支持，同时根据不同地区所处的经济发展阶段合理配置金融资源，优化金融产业的布局，强化金融集聚的溢出效应，适时适度地推进金融集聚的作用，并最终带动我国区域经济和城市经济均衡、持续、快速发展。结合前文结论，提出如下政策建议：

（1）合理定位城市金融发展战略，优化金融业发展的布局，构建多层次金融中心。现阶段我国金融集聚差异是客观存在的，金融活动也并非是均衡发展的，由于各个城市在金融集聚的形成过程中，基础条件和外部环境是不同的，地方政府可以适当引导其发展。同时又由于每个城市经济的发展方向都有各自不同的发展战略，应该基于城市自身的条件及金融资源分布，优化金融资源布局，实现点、线、面有机结合，重点考察金融集聚与所在城市经济发展阶段是否匹配，只有这样才能充分利用各自的比较优势和区位优势，确立城市成为各自区域的金融支点，因地因时发挥城市经济增长过程中金融集聚的作用。

随着金融资源、金融机构和金融从业人员等金融要素逐步向经济相对发达的城市流动，就会产生集聚效应。市场经济的不断深化和辐射作用，区域经济一体化及互联网技术的普及，传统的金融中心开始向区域化、功能化和多极化发展，各层级的金融中心不断涌现出来，因此，这种具有层级性质的金融体系和金融中心的的规划布局是合理的。

现阶段上海、北京和深圳这三大城市仍然是我国金融政策、金融监管的中心，也是金融业最发达的地区，已然成为全国的金融中心，上海凭借其优越的地理位置，努力建设成为国际金融中心。深圳毗邻香港，借助香港的地位，逐步打造区域内金融集聚区，进而形成区域金融中心。除了北京、上海和深圳，其他城市应该根据自身金融集聚发展特点，适时推进成为所在区域经济发展的增长极。

但是，由于我国金融集聚区域异质性明显，对于东部沿海地区经济较发达的城市，应根据自身优势，继续强化与推进金融集聚的作用，不断加速国内外金融资源和金融要素的跨境流动，形成多核心发展格局。而对于中西部较小的城市也不能因此盲目为了追求建立金融中心，而一味地增加地区金融机构的数量集聚，应该量身定制适合自身条件和经济特征的路径。

（2）将有效的政府行为与市场机制相结合，正确引导金融集聚发展模式。政府主导和市场主导是金融集聚的主要发展模式，两种模式都存在各自的特点和适用性。基于我国国民经济的发展，层次性与差异性非常明显，构建可以支撑金融集聚的战略平台意义重大，首先，在金融集聚形成的初期阶段，政府推动的作用不容忽视，在行政干预的手段下引导金融资源在不同区域间的配置，因此以政府推动为主的金融集聚模式必不可少。但金融集聚发展模式并不是固定不变的，应该随着经济发展的进程适时适度地调整。当金融集聚达到较为成熟的阶段时，政府的干预应该随之减少，适时通过依靠市场机制来引导金融资源的合理配置和自由流动，进而形成集聚效应。然而，由于我国区域经济发展存在较大差异，不同区域和不同城市采用不同的金融集聚模式，对于经济发展较好的城市，应该加强市场型资源配置模式，推进市场化改革。而对于经济发展较弱的城市，应该通过政府干预来扶持，循序渐进推进金融市场化改革，推动地区经济较快地发展。尽管如此，不能忽视金融监管的作用，那么如何掌握好金融监管的力度及作用，也是金融集聚发展过程中的重要内容。

（3）加快金融宏观制度改革。金融集聚作为金融业的高级形式，应该与区域经济发展和资源配置相配合。尤其在我国，金融体系主要以金融机构为主导，金融集聚的发展模式更多以政府推动为主、以市场推动为辅，这样不利于金融业的良性互动与竞争。因此，为了通过政府引导，提高金融资源的配置效率和金融业的国际竞争力，需要加快金融宏观制度的改革。

第一，推动金融自由化进程，制定有利于金融集聚的金融创新政策。金融创新是中国金融变革的重要途径，同时也是金融中心形成不可或缺的因素之一。金融创新包括多方面的创新，比如金融机构、金融工具、金融市场及金融制度等。因此，在必要时期引入合理的金融创新工具适应我国金融市场的变化非常重要。金融发展的关键因素和中坚力量就是金融创新，其对金融发展和金融集聚有着非常重要的作用。

第二，推进金融国际化改革，尽快与国际金融接轨。在政策环境方面，首先，需要考虑的是金融业间的信息共享机制，基于各类优惠政策构建便于金融业信息共享的硬环境与软环境，逐步建立与金融业之间的信息共享机制。其次，扩大金融开放力度的同时逐渐放松金融制度约束，尤其对地方城市经济而言，地方政府更应该建设具有竞争力和吸引力的制度环境。

第三，积极构建多层次的金融市场，进一步开放金融市场。目前中国的人民币已经加入 SDR，在未来的国际货币市场上必将发挥重要作用。提高金融集聚度高的城市金融市场的开放度，吸引国际金融资源跨境流动，推进北京、上海和深圳等城市成为国际金融中心的可能，同时加快推进国内其他地区金融中心建设战略的发展目标，同时推进人民币国际化，逐步提升人民币在国际市场上的地位及增强其作为国际货币的功能。

（4）金融集聚离不开高素质的人力资源的支持。各个城市应该根据自身的具体情况，制定相应的吸引人才的政策，构建良好的人才集聚体系和创造良好的环境吸引人才，同时采取有效的培养人才的措施，进而能够吸引较高层次的人才，发挥其在金融集聚过程中的重要作用。事实上来看，金融集聚能够持续发挥作用的重要原因之一是其具备掌握现代金融运作知识的高层次人才。因此，在城市金融集聚发展的过程中，培养复合型的金融人才，实现不同层次人才的合理搭配，尤其是高等教育中金融人才的培养及自主培养具备国际水准的金融人才是必不可少的。当然，在增加高等教育的投入和吸收高级人才的同时，充分意识到职业技术人才的培养与配套引进，可见金融集聚的同时也是人才的集聚过程。

另外，在吸引人才的同时需要有相应的机制配备，逐步建立为高端金融人才创造发展空间的激励机制，只有人才培养复合更高层次的要求，才能逐步与国际接轨，否则即使吸引了大量金融人才，但是没有合理的机制配合，最终也有可能会人财两空。

（5）加快信息基础设施的建设步伐，重视基础设施建设。即使在国际金融中心的形成与发展过程中，同样需要发达的通信和交通网络等基本的城市基础设施，因此，在地区金融集聚的形成过程中必须加快当地基础设施建设和信息化建设水平。金融集聚与城市公共物品的供给有非常密切的关系，公共物品的完善便于提升城市内金融机构和人才的吸引，增强吸收和消化先进技术和知识溢出的能力。尤其是对落后地区的基础设施应该更多地关注，能使落后地区享受到整体经济发展带来的好处。但同样需要注意的是，基础设施并不是缩小区域经济差异的主要手段，并不能成为经济发展的主导力量，即使对于信息基础设施完善的大城市同样需要进一步支持金融集聚的发展。尤其对于发展相对落后的中西部地区的城市而言，适时加大其信息基础设施建设能极大地提高这些城市的金融集聚水平，但需要突出其自身区域特征，实现特色发展，避免盲目追求金融集聚，无须一味要求实施金融集聚的追赶战略。基础设施的建设对于任何区域而言，都有利于金融集聚对经济增长产生显著的正效应。

（6）培育区域经济区位优势，发展适度金融集聚规模。金融集聚与区位的选择不可分割，同时金融集聚在区位选择上有更高的要求，区位经济发展的优势往往成为金融集聚首选地。金融集聚不是一朝一夕可以实现的，是经过长期积累而产生的，但是在其形成的过程中，是从开始的区位选择逐步转变为如何根据区位自身条件创造有利于金融集聚发展的区位优势。金融集聚在区位选择的过程中，传统的区位选择更看重的是经济因素，也就是区位经济发展状况。只要当地经济发展与金融业相匹配时，该地区的金融集聚才是合适的。然而，随着区位理论的发展，区位优势越来越受到金融发展的重视，但与以往研究不同的是，非经济因素的区位作用开始凸显，首推地区优惠政策、文化环境、制度环境等。因此，为了发挥金融集聚区位优势的作用，促进金融集聚推动地区经济既好又快的发展，应当在发挥经济区位优势的同时，考虑非经济因素的区位优势，适度推进金融集聚规模。

7.3 研究与展望

本书基于空间视角及城市层面对金融集聚的经济增长效应进行了系统的理论与实证研究。本书存在一些不足，尚需努力拓展以下几个方面。

首先，本书仅仅研究了地级层面城市的金融集聚问题，取得了相应的研究成果，但对省级层面、县域层面没有涉及。其次，现阶段由于城市证券业、保险业数据的缺乏，致使对城市层面分行业的金融集聚研究受限，今后可以试图从金融行业的异质性角度来分析金融集聚的经济增长效应。最后，研究金融集聚的主要理由在于金融集聚的过程中会出现很多不可预计的系统性风险，有可能会改变经济增长的曲线，这些不确定金融因素的发展对经济的健康发展会产生怎样的影响？这些将成为本书值得进行下一步拓展性研究的内容，也是本书作者进一步努力的方向。

参考文献

[1] Acs Z J, Varga A. Geography, Endogenous Growth, and Innovation [J]. International Regional Science Review, 2002, 25 (1): 132 - 148.

[2] Aghion P, Howitt P. A Model of Growth Through Creative Destruction [J]. Econometrica, 1992, 60 (2): 323 - 351.

[3] Amin A, Thrift N J. Globalization, Institutions and Regional Development in Europe [M]. Oxford: Oxford University Press, 1994.

[4] Amiti M. Regional Specialization and Technological Leapfrogging [J]. Ssrn Electronic Journal, 1998, 41 (1): 149 - 172.

[5] Andrew Leyshon. Geographies of Money and Finace: Ⅰ [J]. Progress in Human Geography, 1995, 19 (4): 531 - 543.

[6] Andrew Leyshon. Geographies of Money and Finace: Ⅱ [J]. Progress in Human Geography, 1997, 21 (3): 381 - 392.

[7] Andrew Leyshon. Geographies of Money and Finace: Ⅲ [J]. Progress in Human Geography, 1998, 22 (3): 433 - 446.

[8] Anselin L, Getis A. Spatial Statistical Analysis and Geographic Information Systems [J]. Annals of Regional Science, 1992, 26 (1): 19 - 33.

[9] Anselin L, Kelejian H H. Testing for Spatial Error Autocorrelation in the

Presence of Endogenous Regressors [J]. Journal of Risk & Insurance, 2010, 20 (79): 153 - 182.

[10] Anselin L, Syabri I, Kho Y. Geo Da: An Introduction to Spatial Data Analysis [J]. Geographical Analysis, 2006, 38 (1): 5 - 22.

[11] Anselin L. Operational Issues and Empirical Applications [M]. Spatial Econometrics: Methods and Models Springer Netherlands, 1988: 180 - 220.

[12] Arrow K J. The Economic Implications of Learning by Doing [J]. Review of Economic Studies, 1962, 29 (80): 155 - 173.

[13] Arthur W B. Increasing Returns and Path Dependence in the Economy [J]. Economy University of Michigan, 1994, 37 (2): 157 - 162.

[14] Audretsch D B, Feldman M P. Innovative Clusters and the Industry Life cycle [J]. Review of Industrial Organization, 1996, 11 (2): 253 - 273.

[15] Baldwin R E, Forslid R. The Core - Periphery Model and Endogenous Growth: Stabilizing and Destabilizing Integration. [J]. Economica, 2000, 67 (67): 307 - 24.

[16] Baldwin R, Forslid R, Martin P, et al. Agglomeration and Growth with and without Capital Mobility [M]. Hwwa Discussion Papers, 2001.

[17] Banerjee A V, Duflo E. Inequality and Growth: What Can the Data Say? [J]. Journal of Economic Growth, 2000, 8 (3): 267 - 299.

[18] Barro R, Romer P M. Economic Growth [J]. Robert Barro, 1995, 19 (1): 110 - 123.

[19] Bayar Y. Financial Development and Economic Growth in Emerging Asian Countries [J]. Asian Social Science, 2014, 10 (9).

[20] Beaudry P, Green D. Population Growth, Technological Adoption and Economic Outcomes: A Theory of Cross - Country Differences for the Information Era [J]. Clay Minerals, 2001, 35 (4): 719 - 733.

［21］ Beckmann M J. Agglomeration ［M］. Springer Berlin Heidelberg, 1999.

［22］ Bencivenga V R, Smith B D, Starr R M. Transaction Costs, Technological Choice, and Endogenous Growth ［J］. Journal of Economic Theory, 1995, 67 (1): 153 – 177.

［23］ Bernat G A. Does Manufacturing Matter? A Spatial Econometric View of Kaldor's Laws ［J］. Journal of Regional Science, 2006, 36 (3): 463 – 477.

［24］ Bertola G. Factor Shares and Savings in Endogenous Growth ［J］. American Economic Review, 1993, 83 (5): 1184 – 1198.

［25］ Black D, Henderson V. Spatial Evolution of Population and Industry in the United States ［J］. American Economic Review, 1999, 89 (2): 321 – 327.

［26］ Boarnet M G. Spillovers and the Locational Effects of Public Infrastructure ［J］. Journal of Regional Science, 1998, 38 (3): 381 – 400.

［27］ Boskin M J, Lau L J. Generalized Solow – Neutral Technical Progress and Postwar Economic Growth ［J］. Nber Working Papers, 2001.

［28］ Bossone B, Honohan P. Coping with a Small Financial System: Policy Issues for Africa ［J］. Journal of African Business, 2003, 4 (2): 2 – 50.

［29］ Boudeville J R. Problems of Regional Development ［M］. Edinburgh: Edinburgh University Press, 1996.

［30］ Bruno V, Hauswald R. The Real Effect of Foreign Banks ［J］. Review of Finance, 2014, 18 (5): 1683 – 1716.

［31］ Brülhart M, Mathys N A. Sectoral Agglomeration Economies in a Panel of European Regions ［J］. Regional Science & Urban Economics, 2007, 38 (4): 348 – 362.

［32］ Buera F J, Shin Y. Finance and Development: A Tale of Two Sectors, Working Papers ［R］ //Meeting Papers ［J］. Society for Economic Dynamics, 2008 (39): 1964 – 2002.

[33] Cass D. Optimum Growth in an Aggregative Model of Capital Accumulation [J]. Review of Economic Studies, 1965, 32 (32): 233–240.

[34] Cerina F, Mureddu F. Agglomeration and Growth Endogenenous Expenditure Shares [J]. Journal of Regional Science, 2012, 52 (2): 324–360.

[35] Clark G L, Wójcik D. An Economic Geography of Global Finance: Ownership Concentration and Stock – Price Volatility in German Firms and Regions [J]. Annals of the Association of American Geographers, 2003, 93 (4): 909–924.

[36] Clark G, Feldman M, Gertler M. The Oxford Handbook of Economic Geography [M]. Oxford University Press, 2000.

[37] Coeurdacier N, Rey H, Winant P. Financial Integration and Growth in a Risky World [R]. Nber Working Papers, 2015.

[38] Coffey W J, Drolet R, Polèse M. The Intrametropolitan Location of High Order Services: Patterns, Factors and Mobility in Montreal [J]. Papers in Regional Science, 1996, 75 (3): 293–323.

[39] Combes P P, Duranton G, Overman H G. Agglomeration and the Adjustment of the Spatial Economy [J]. Papers in Regional Science, 2005, 84 (3): 311–349.

[40] Commendatore P, Michetti E, Purificato F. Financial Development and Agglomeration [J]. Annals of the University of Oradea Economic Science, 2013, 1 (1): 143–147.

[41] Davis E P. International Financial Centers – an Industrial Analysis [M]. Bank of England Discussion, 1998.

[42] Dekle R, Eaton J. Agglomeration and Land Rents: Evidence from the Prefectures [J]. Journal of Urban Economics, 1999, 46 (2): 200–214.

[43] Diamond P A. Public Debt in a Neoclassical Growth Model [J]. American Economic Review, 1965 (55).

[44] Dixit A K, Stiglitz J E. Monopolistic Competition and Optimum Product Diversity [J]. American Economic Review, 1977, 67 (67): 297-308.

[45] Dupont V. Do Geographical Agglomeration, Growth and Equity Conflict? [J]. Papers in Regional Science, 2007, 86 (2): 193-213.

[46] Economides N S. The Economics of Networks [J]. Working Papers, 1995, 14 (6): 673-699.

[47] Ellison G, Glaeser E L. Geographic Concentration in U. S. Manufacturing Industries: A Dartboard Approach [J]. Journal of Political Economy, 1997, 105 (5): 889-927.

[48] Engen E, Skinner J. Taxation and Economic Growth [C]. Fiscal Studies, 1996: 150-171.

[49] Engwall, Lars & Marquardt, Rolf & Pedersen, Torben & Tschoegl, Adrian E. Foreign Bank Penetration of Newly Opened Markets in the Nordic Countries [J]. Journal of International Financial Markets, Institutions and Money, 2001, 11 (1): 53-63.

[50] Findeisen S, Südekum J. Industry Churning and the Evolution of Cities: Evidence for Germany [J]. Journal of Urban Economics, 2008, 64 (2): 326-339.

[51] Fujita M, Krugman P, Venables T. The Spatial Economy: Cities, Regions and International Trade [M]. Cambridge, MA: MIT Press, 1999: 78-86.

[52] Fujita M, Mori T. Transport Development and the Evolution of Economic Geography [J]. Ide Discussion Papers, 2005, 4 (2): 129-156.

[53] Fujita M, Thisse J F. Does Geographical Agglomeration Foster Economic Growth? And Who Gains and Loses from It? [J]. Japanese Economic Review, 2003, 54 (2): 121-145.

[54] Fujita M, Thisse J F. Economics of Agglomeration [J]. Journal of the

Japanese & International Economies, 1996, 10 (4): 339 – 378.

[55] Fujita M, Mori T. Transport Development and the Evolution of Economic Geography [J] . Portuguese Economic Journal, 2006, 4 (2): 129 – 156.

[56] Gehrig T. Cities and the Geography of Financial Centers [M]. Cambridge University Press, 2000: 23 – 30.

[57] Glaeser E L, Scheinkman J, Shleifer A. Economic Growth in a Cross – section of Cities [J] . Journal of Monetary Economics, 1995, 36 (1): 117 – 143.

[58] Goldsmith R W. Financial Structure and Development [M] . Yale University Press, 1969.

[59] Grafeneder – Weissteiner T, Grafeneder – Weissteiner T. The Joint Effect of Demographic Change on Growth and Agglomeration [A] // ERSA Conference Papers. European Regional Science Association, 2011.

[60] Gras N S B. The Development of Metropolitan Economy in Europe and America [J] . American Historical Review, 1922, 27 (4): 695 – 708.

[61] Greenwood J, Sanchez J M, Wang C. Quantifying the Impact of Financial Development on Economic Development [J] . Economie Davant Garde Research Reports, 2010, 16 (1): 194 – 215.

[62] Greenwood J, Sanchez J M, Wang C. Quantifying the Impact of Financial Development on Economic Development [J] . Review of Economic Dynamics, 2013, 16 (1): 194 – 215.

[63] Groot H L F D, Poot J, Smit M J. Which Agglomeration Externalities Matter Most and Why? Importance of Agglomeration Externalities [J] . Journal of Economic Surveys, 2015.

[64] Grote M H. Foreign Banks Attraction to the Financial Centre Frankfurt: An Inverted "U" – Shaped Relationship [J] . Journal of Economic Geography, 2008, 8 (2): 239 – 258.

[65] Haining, Robert. The Use of Added Variable Plots in Regression Modelling with Spatial Data. Prof Geogr [J]. Professional Geographer, 1990, 42 (3): 336 - 344.

[66] Harrison B, Gant J. Innovative Firm Behavior and Local Milieu: Exploring the Intersection of Agglomeration, Firm Effects, and Technological Change [J]. Economic Geography, 1996, 72 (3): 233 - 258.

[67] Hassan M K, Sanchez B Yu J S. Financial Development and Economic Growth: New Evidence from Panel Data [J]. Quarterly Review of Economics & Finance, 2011, 51 (1): 88 - 104.

[68] Henderson D J, Papageorgiou C, Parmeter C F. Growth Empirics without Parameters [J]. Economic Journal, 2012, 122 (559): 125 - 154.

[69] Henderson D J, Papageorgiou C, Parmeter C F. Who Benefits from Financial Development? New Methods, New Evidence [J]. European Economic Review, 2013, 63 (4): 47 - 67.

[70] Hermes C L M, Lensink B W. Financial Development and Economic Growth [J]. Working Papers, 2001, 5 (3): 413 - 433.

[71] Hirose K, Yamamoto K. Knowledge Spillovers, Location of Industry, and Endogenous Growth [J]. Annals of Regional Science, 2007, 41 (1): 17 - 30.

[72] Holtz - Eakin D, Lovely M E, Tosun M S. Generational Conflict, Human Capital Accumulation, and Economic Growth [J]. Ssrn Electronic Journal, 2000, 85 (2): 377 - 393.

[73] Ikeda K, Akamatsu T, Kono T. Spatial Period - doubling Agglomeration of a Core - periphery Model with a System of Cities [J]. Journal of Economic Dynamics & Control, 2012, 36 (5): 754 - 778.

[74] Jeremy Greenwood, Boyan Jovanovic. Financial Development, Growth, and Distribution of Income [J]. Journal of Political Economy, 1990, 98 (5):

1076 - 1107.

[75] Joo, Sangyong. International Finance Center: Its Conditions and Effects [J] . Bank of Korea Economic Papers, 2005, 8 (1): 145 - 160.

[76] Joseph A, Schumpeter. The Theory of Economic Development: An Inquiry into Profits, Capital, Credit, Interest, and the Business Cycle [J] . Social Science Electronic Publishing, 1934, 25 (1): 90 - 91.

[77] Kaufman. Emerging Economies and International Financial Centers [J] . Review of Pacific Basin Financial Markets and Policies, 2001, 4 (4): 365 - 377.

[78] Kindleberger C P. The Formation of Financial Centers: A Study in a Comparative Economic Theory [J] . Proceedings of the National Academy of Sciences of the United States of America, 1973, 5 (4): 3395 - 3397.

[79] Kindleberger C P. The Formation of Financial Centers: A Study in a Comparative Economic Theory [R] . Working Papers, 1973.

[80] King M A, Robson M H. A Dynamic Model of Investment and Endogenous Growth [J] . Scandinavian Journal of Economics, 1993, 95 (4): 445 - 66.

[81] King R G, Levine R. Finance and Growth : Schumpeter might be Right [J] . Quarterly Journal of Economics, 1993 (108): 717 - 738.

[82] Kobrin S J. Electronic Cash and the End of National Markets [J]. Foreign Policy, 1997 (2): 65 - 77.

[83] Koen Frenken, Frank Van Oort, Thijs Verburg. Relate Variety, Unrelated Variety and Regional Economic Growth [J] . Regional Studies, 2007, 41 (5): 685 - 697.

[84] Koen Frenken, Frank Van Oort, Thijs Verburg. Relate Variety, Unrelated Variety and Regional Economic Growth [J] . Regional Studies, 2007, 41 (5): 685 - 697.

[85] Kondo H. International R&D Subsidy Competition, Industrial Agglomeration and Growth [J]. Journal of International Economics, 2013, 89 (1): 233-251.

[86] Koopmans T C. On the Concept of Optimal Economic Growth [J]. Cowles Foundation Discussion Papers, 1963, 28.

[87] Krugman P. Increasing Returns and Economic Geography [J]. Nber Working Papers, 1990, 99 (3): 483-499.

[88] Lee J W, Barro R J. International Comparison of Educational Attainment [J]. Journal of Monetary Economics, 2010, 32 (3): 363-394.

[89] Levine R. Financial Development and Growth: Views and Agenda [J]. Journal of Economic Literature, 1999, 5 (3): 413-433.

[90] Leyshon A N J. Thrift Money Space: Geographies of Monetary Transformation [M]. London: Routledge, 1997.

[91] Leyshon A. Access to Financial Services and Financial Infrastructure Withdrawal: Problems and Policies [J]. Area, 1994 (26): 268-275.

[92] Leyshon A. Geographies of Money and Finance [J]. Progress in Human Geography, 1998 (3): 433-446.

[93] Long G Y. Measuring the Spillover Effects: Some Chinese Evidence [J]. Papers in Regional Science, 2005, 79 (1): 75-89.

[94] Long G Y. Understanding China's Recent Growth Experience: A Spatial Econometric Perspective [J]. Annals of Regional Science, 2003, 37 (4): 613-628.

[95] Lucas, Robert E, Jr, Rapping, Leonard A. Price Expectations and the Phillips Curve [J]. American Economic Review, 1969, 59 (3): 342-350.

[96] Luintel K B, Khan M. A Quantitative Reassessment of the Finance-growth Nexus: Evidence from a Multivariate VAR [J]. Journal of Development Eco-

nomics, 1999, 60 (2): 381 –405.

[97] Manski C F. Identification of Endogenous Social Effects: The Reflection Problem [J] . Review of Economic Studies, 1993, 60 (3): 531 –542.

[98] Martin P, Ottaviano G I P. Growing Locations: Industry Location in a Model of Endogenous Growth [J] . European Economic Review, 1996, 43 (2): 281 –302.

[99] Martin P, Ottaviano G I P. Growing Locations: Industry Location in a Model of Endogenous Growth [J] . European Economic Review, 1999, 43 (2): 281 –302.

[100] Martin R L. Money and the Space Economy [M] . John Wiley, 1999.

[101] Martin, Ron, Peter Sunley. Slow Convergence? The New Endogenous Growth Theory and Regional Development [J] . Economic Geography, 1998, 74 (3): 201 –227.

[102] Mccann P, Oort F G V. Theories of Agglomeration and Regional Economic Growth: A Historical Review [J] . Regional Dynamics & Growth Advances in Regional Economics, 2009.

[103] McGahey R. Financial Services, Policy and the Competition for Markets, Firms, and Jobs [M] . Westview Press, 1990.

[104] Mckinnon R I. Money and Capital in Economic Development [M]. Brooking Institition, Washington DC, 1973.

[105] Mouawiya Alawad, Nasri Harb. Financial Development and Economic Growth in the Middle East [J] . Applied Financial Economics, 2005, 15 (15): 1041 –1051.

[106] Myrdal G. Economic Theory of Under – Developed Regions [J]. Economica, 1960, 27 (107) .

[107] Naresh R Pandit, Gary A S Cook, G M P Swann. A Comparison of

Clustering Dynamics in the British Broadcasting and Financial Services Industries [J]. International Journal of the Economics of Business, 2002, 9 (2): 195-224.

[108] N R Pandit, G A S Cook, P G M Swann. The Dynamics of Industrial Clustering in British Financial Services [J]. Service Industries Journal, 2010, 21 (4): 33-61.

[109] Ohmae K. The Borderless World [M]. London: Harper Collins, 1990.

[110] Ottaviano G I P, Martin P. Growth and Agglomeration. Int Econ Rev [J]. International Economic Review, 2001, 42 (4): 947-968.

[111] Ottaviano G I P, Puga D. Agglomeration in the Global Economy: A Survey of the "New Economic Geography" [J]. World Economy, 2003, 21 (6): 707-731.

[112] Paelinck J. Spatial Econometrics [J]. Economics Letters, 1978, 1 (1): 59-63.

[113] Pagano M. Financial Markets and Growth: An Overview [J]. European Economic Review, 1993, 37 (2-3): 613-622.

[114] Palmberg J. Spatial Concentration in the Financial Industry [J]. Journal of Harbin Engineering University, 2013, 34 (7): 849-854.

[115] Papaioannou, Elias, Portes, Richard, Siourounis, Gregorios. Optimal Currency Shares in International Reserves: The Impact of the Euro and the Prospects for the Dollar [J]. Journal of the Japanese and International Economies, 2006, 20 (4): 508-547.

[116] Park Y S, Essayyad M, Goldberg M A, et al. International Banking and Financial Centers [M]. Bostion: Kluwer Aeademic Publishers, 1989: 32-33.

[117] Park Yoon S, Musa Essayyad. International Banking and Financial Centers [M]. Boston, Kluwer, 1989.

[118] Peter J Taylor, Jonathan V. Beaverstock, Gary Cook, Naresh Pandit,

Kathryn Pain and Helen Green Wood [A] //Financial Services Clustering and Its Significance for London [M] . London: Corporation of London, 2003.

[119] Porteous D J. The Development of Financial Centres: Location, Information Externalities and Path Dependence [A] // Martin R L (Eds.) . Money and the Space Economy [M] . Chichester: John Wiley & Sons, 1999: 95 - 114.

[120] Porteous D J. The Geography of Finance: Spatial Dimensions of Intermediary Behavior [J] . Aldershot Avebury, 1995 (7): 256 - 260.

[121] Porteous D J. The Geography of Finance: Spatial Dimensions of Intermediary Behaviour [M] . Aldershot: Avebury, 1995: 45 - 57.

[122] Portes R, Rey H, Oh Y. Information and Capital Flows: The Determinants of Transactions in Financial Assets [J] . European Economic Review, 2001, 45 (4): 783 - 796.

[123] Powell E T. The Evolution of the Money Market, An Historical and Analytical Study of the Rise and Development of Finance as a Centralized, Co - ordinated Force [M] . London: Financial News, 1915.

[124] Rioja F, Neven Valev. Finance and the Sources of Growth at Various Stages of Economic Development [J] . Economic Inquiry, 2004, 42 (1): 127 - 140.

[125] Rivera - Batiz L, Romer P M. Economic Integration and Endogenous Growth: An Addendum [J] . Quarterly Journal of Economics, 1994, 109 (109): 307 - 308.

[126] Rohlfs J. A Theory of Interdependent Demand for a Communications Service [J] . Bell Journal of Economics & Management Science, 1974, 5 (1): 16 - 37.

[127] Show E S. Financial Deepening in Economic Growth [M] . NY: Oxford University Press, 1973: 60 - 70.

[128] Simon C J, Nardinelli C. Human Capital and the Rise of American Cities [J] . Regional Science and Urban Economics, 2002, 32 (1): 59 -96.

[129] Solow R M. A Contribution to the Theory of Economic Growth [J] . Quarterly Journal of Economics, 1956, 70 (1): 65 -94.

[130] Stiglitz J E. The Role of the Statein Financial Markets [J] . The World Bank Economic Review, 1994 (8): 19 -52.

[131] Sunday Iyare, Winston Moore. Financial Sector Development and Growth in Small Open Economies [J] . Applied Economics, 2011, 43 (10): 1289 -1297.

[132] Swan T W. Economic Growth and Capital Accumulation [J]. Economic Record, 1956, 32 (2): 334 -361.

[133] Tadesse S. Financial Architecture and Economic Performance: International Evidence [J] . William Davidson Institute Working Papers, 2001, 11 (4): 429 -454.

[134] Tobler W R. Smooth Pycnophylactic Interpolation for Geographical Regions [J] . Journal of the American Statistical Association, 1979, 74 (367): 519 -530.

[135] Van Grunsven L. Clusters and Economic Growth in Asia [J] . Journal of Southeast Asian Economies, 2015 (32) .

[136] Vernon R. International Investment and International Trade in Product Cycle [J] . International Executive, 1966, 8 (4): 16 -18.

[137] Walz U. Endogenous Innovation and Imitation in a Model of Equilibrium Growth [J] . European Journal of Political Economy, 1996, 11 (4): 709 -723.

[138] Walz U. Growth and Deeper Regional Integration in a Three - Country Model [J] . Review of International Economics, 1997, 5 (4): 492 -507.

[139] Walz U. Transport Costs, Intermediate Goods, and Localized Growth

[J]. Regional Science & Urban Economics, 1996, 26 (6): 671 -695.

[140] Wurgler J. Financial Markets and the Allocation of Capital [J]. Journal of Financial Economics, 2000, 58 (1 -2): 187 -214.

[141] Yamamoto K. Agglomeration and Growth with Innovation in the Intermediate Goods Sector [J]. Regional Science & Urban Economics, 2003, 33 (3): 335 -360.

[142] Yeung, Wai - chung, Herry. Practicing New Economics Geographies: A Methodological Examination [J]. Annals of the Association of American Geographers, 2003, 93 (2): 442 -462.

[143] Z Xu. Financial Development, Investment, and Economic Growth [J]. Economic Inquiry, 2000, 38 (38): 331 -344.

[144] Zhao S X. Spatial Restructuring of Financial Centers in Mainland China and Hong Kong [M]. Hong Kong: Sweet & Maxwell Asia, 2002.

[145] Zhao S X B, Zhang L, Wang D T. Determining Factors of the Development of a National Financial Center: The Case of China [J]. Geoforum, 2004, 35 (5): 577 -592.

[146] Zhao, Simon X B. Spatial Restructuring of Financial Centers in Mainland China and Hong Kong: A Geography of Finance Perspective [J]. Urban Affairs Review, 2003, 38 (4): 535 -571.

[147] [德] 约翰·海因里希·冯·杜能. 孤立国同农业和国民经济的关系 [M]. 北京: 商务印书馆, 1986.

[148] [美] 迈克尔·波特. 国家竞争优势 [M]. 北京: 华夏出版社, 2006.

[149] 白钦先. 金融可持续发展研究导论 [M]. 北京: 中国金融出版社, 2001.

[150] 毕秀晶, 宁越敏. 长三角大都市区空间溢出与城市群集聚扩散的

空间计量分析［J］．经济地理，2013，33（1）：46－53.

［151］曹源芳，谢惠贞，汪祖杰．金融地理对区域金融稳定的作用机理：基于金融功能观的分析视角［J］．经济体制改革，2012（4）：47－51.

［152］车欣薇，部慧，梁小珍等．一个金融集聚动因的理论模型［J］．管理科学学报，2012（3）：16－29.

［153］陈剑锋，唐振鹏．国外产业集群研究综述［J］．外国经济与管理，2002，24（8）：22－27.

［154］陈俊，胡宗义，刘亦文．金融集聚的区域差异及影响因素的空间计量分析［J］．财经理论与实践，2013，34（6）：21－24.

［155］成春林，华桂宏．江苏金融发展差异的动态变化：2001～2011——基于泰尔指数的分析［J］．华东经济管理，2013（11）：22－25.

［156］成春林，华桂宏．金融集聚影响因素的县域分析——基于2002～2011年江苏64个县市的实证研究［J］．江苏社会科学，2013（6）．

［157］戴志敏，郭露，彭继增．省域金融集聚发展与产业传导关联——以江西为例［J］．软科学，2011，25（6）：113－117.

［158］邓薇．我国金融业空间布局及影响因素分析［J］．统计与决策，2015（21）：138－142.

［159］邓向荣，刘文强．金融集聚对产业结构升级作用的实证分析［J］．南京社会科学，2013（10）：5－12.

［160］邓小平．邓小平文选（第三卷）［M］．北京：人民出版社，1993.

［161］丁艺，李靖霞，李林．金融集聚与区域经济增长——基于省际数据的实证分析［J］．保险研究，2010（2）：20－30.

［162］豆晓利．中国金融产业集聚水平测度［J］．金融发展研究，2012（12）：16－19.

［163］冯晓春．金融集聚问题研究——论北京金融集聚发展［D］．首都经济贸易大学，2010.

[164] 高新才，牛丽娟．金融集聚与产业结构升级关系的实证研究——以甘肃省为例［J］．兰州学刊，2014（11）．

[165] 何宜庆，廖文强，白彩全等．中部六省省会城市金融集聚与区域经济增长耦合发展研究［J］．华东经济管理，2014（7）：70－75.

[166] 贺灿飞，潘峰华．中国制造业地理集聚的成因与趋势［J］．南方经济，2011，29（6）：38－52.

[167] 洪功翔，张兰婷，李伟军．金融集聚对全要素生产率影响的区域异质性——基于动态面板模型的实证分析［J］．经济经纬，2014，31（4）：7－12.

[168] 胡国晖，郑萌．金融集聚向扩散转化的机理及模型化分析［J］．软科学，2014，28（2）：118－121.

[169] 黄解宇，杨再斌．金融集聚论：金融中心形成的理论与实践解析［M］．北京：线装书局，2006.

[170] 黄解宇．金融集聚的内在动因分析［J］．工业技术经济，2011，30（3）：129－136.

[171] 黄解宇．金融集聚论［M］．北京：中国社会科学出版社，2006.

[172] 黄蓉．金融聚集、产业结构优化和经济总量之间的互动关系研究［J］．经济问题，2013（11）：58－62.

[173] 黄永兴，徐鹏，孙彦骊．金融集聚影响因素及其溢出效应——基于长三角的实证分析［J］．投资研究，2011（8）：111－119.

[174] 黎平海，王雪．珠三角城市金融辐射力实证研究［J］．国际经贸探索，2009（11）：49－53.

[175] 李宝礼，胡雪萍．金融集聚对中国城镇化的影响［J］．城市问题，2015（10）：55－62.

[176] 李标，宋长旭，吴贾．创新驱动下金融集聚与区域经济增长［J］．财经科学，2016（1）：88－99.

［177］李大垒．城市金融产业集聚形成原因的实证研究——基于我国35个大中城市的面板数据［J］．上海经济研究，2010（8）：41－47.

［178］李芳芳，张晓涛，李晓璐．生产性服务业空间集聚适度性评价——基于北京市主要城区对比研究［J］．城市发展研究，2013，20（11）：119－124.

［179］李红，王彦晓．金融集聚、空间溢出与城市经济增长——基于中国286个城市空间面板杜宾模型的经验研究［J］．国际金融研究，2014（2）：89－96.

［180］李敬，冉光和，万广华．中国区域金融发展差异的解释——基于劳动分工理论与Shapley值分解方法［J］．经济研究，2007（5）：42－54.

［181］李静，朱显平，白江．我国地区金融集聚驱动因素的实证分析［J］．东北师范大学学报（哲学社会科学版），2014（5）：107－112.

［182］李林，丁艺，刘志华．金融集聚对区域经济增长溢出作用的空间计量分析［J］．金融研究，2011（5）：113－123.

［183］李炜．关于区域金融行为与区域经济技术结构形成的研究［J］．金融研究，2000（6）：117－187.

［184］李秀茹．CBD金融集聚与产业集群"共轭效应"互动发展问题研究——以海峡西岸经济区五大核心城市为例［J］．当代经济研究，2013（10）：63－69.

［185］李延军，李海月．京津冀区域金融集聚影响因素的空间计量经济分析［J］．河北工业大学学报（社会科学版），2016，8（3）：19－24.

［186］李正辉，蒋赞．基于省域面板数据模型的金融集聚影响因素研究［J］．财经理论与实践，2012，33（4）：12－16.

［187］连建辉，孙焕民，钟惠波．金融企业集群：经济性质、效率边界与竞争优势［J］．金融研究，2005（6）：72－82.

［188］梁琳，李勇．中国金融产业集聚的双维度评价［J］．求索，2013

(10).

[189] 梁颖.金融产业集聚述评 [J].经济学动态，2006 (8)：75 -77.

[190] 林光平，龙志和，吴梅.我国地区经济收敛的空间计量实证分析：1978 ~2002 年 [J].经济学 (季刊)，2005 (S1).

[191] 刘安国，杨开忠.新经济地理学理论与模型评介 [J].经济学动态，2001 (12)：67 -72.

[192] 刘红.金融集聚影响区域经济增长的机制研究 [D].同济大学，2008.

[193] 刘沛，黎齐.金融集聚对产业结构提升的空间外溢效应研究——以广东省为例 [J].科技管理研究，2014 (10)：187 -192.

[194] 刘青海，张志超，蔡伟贤.本土市场效应、空间政策和就业增长——基于新经济地理学的角度 [J].财经科学，2009 (6)：55 -62.

[195] 刘生龙，胡鞍钢.基础设施的外部性在中国的检验：1988 ~2007 [J].经济研究，2010 (3)：4 -15.

[196] 刘帅，李海峰.金融资源集聚与经济增长：中国西部十二省数据检验 [J].西南民族大学学报 (人文社会科学版)，2012，33 (12)：124 -128.

[197] 陆铭，向宽虎.地理与服务业——内需是否会使城市体系分散化? [J].经济学 (季刊)，2012 (2)：1079 -1096.

[198] 骆永民，樊丽明.中国农村基础设施增收效应的空间特征——基于空间相关性和空间异质性的实证研究 [J].管理世界，2012 (5)：71 -87.

[199] 马丹.金融集聚浅析以及金融产业集聚程度评价指标体系的实证研究 [D].华侨大学，2007.

[200] 潘辉，冉光和，张冰等.金融集聚与实体经济增长关系的区域差异研究 [J].经济问题探索，2013 (5)：102 -107.

[201] 潘辉.城市集聚、外部性与地区工资差距研究 [D].复旦大学，

2012.

［202］潘英丽．论金融中心形成的微观基础——金融机构的空间集聚［J］．上海财经大学学报，2003（1）：50－57.

［203］佩鲁．增长极概念［J］．经济学译丛，1988（9）：15－19.

［204］任英华，徐玲，游万海．金融集聚影响因素空间计量模型及其应用［J］．数量经济技术经济研究，2010（5）：104－115.

［205］茹乐峰，苗长虹，王海江．我国中心城市金融集聚水平与空间格局研究［J］．经济地理，2014，34（2）．

［206］沈坤荣等．新增长理论与中国经济增长［M］．南京：南京大学出版社，2003.

［207］沈体雁．空间计量经济学［M］．北京：北京大学出版社，2010.

［208］石沛，蒲勇健．金融集聚与产业结构的空间关联机制研究［J］．技术经济，2011，30（1）：39－44.

［209］司月芳，曾刚，樊鸿伟．上海陆家嘴金融集聚动因的实证研究［J］．人文地理，2008（6）：84－88.

［210］苏建军，黄解宇，徐璋勇．金融集聚、国内市场一体化与经济增长［J］．工业技术经济，2015（1）：108－115.

［211］孙晶，李涵硕．金融集聚与产业结构升级——来自2003～2007年省际经济数据的实证分析［J］．经济学家，2012（3）：80－86.

［212］孙维峰，黄解宇．金融集聚对企业R&D投资的影响［J］．技术经济，2015，34（2）：61－67.

［213］孙武军，宁宁，崔亮．金融集聚、地区差异与经济发展［J］．北京师范大学学报（社会科学版），2013（3）：92－103.

［214］孙晓华，柴玲玲．相关多样化、无关多样化与地区经济发展——基于中国282个地级市面板数据的实证研究［J］．中国工业经济，2012（6）：5－17.

［215］唐德祥，孟卫东．R&D 与产业结构优化升级——基于我国面板数据模型的经验研究［J］．科技管理研究，2008，28（5）：85－89.

［216］汪潇，姚辉．城市总部经济发展能力与金融集聚实证研究［J］．经济理论与经济管理，2011（5）：60－66.

［217］王春丽，宋连方．金融发展影响产业结构优化的实证研究［J］．财经问题研究，2011（6）：51－56.

［218］王晶晶，岳中刚．金融集聚、本地需求规模与地区工资差异——基于中国地级及以上城市面板数据的实证分析［J］．当代财经，2016（3）：87－95.

［219］王修华，黄明．金融资源空间分布规律：一个金融地理学的分析框架［J］．经济地理，2009，29（11）：1808－1811.

［220］王宇，郭新强，干春晖．关于金融集聚与国际金融中心建设的理论研究——基于动态随机一般均衡系统和消息冲击的视角［J］．经济学（季刊），2015（1）：331－350.

［221］韦伯．工业区位论［M］．北京：商务印书馆，1997.

［222］吴易风，朱勇．新增长理论评述［J］．经济学动态，1998（6）：23－29.

［223］吴玉鸣，徐建华．中国区域经济增长集聚的空间统计分析［J］．地理科学，2004，24（6）：654－659.

［224］吴玉鸣．县域经济增长集聚与差异：空间计量经济实证分析［J］．世界经济文汇，2007（2）：37－57.

［225］吴玉鸣．中国省域经济增长趋同的空间计量经济分析［J］．数量经济技术经济研究，2006，23（12）：101－108.

［226］徐沈．中国金融集聚水平的现状与影响因素探析［J］．区域金融研究，2011（12）：64－68.

［227］徐晔，宋晓薇．金融集聚、空间外溢与全要素生产率——基于

GWR 模型和门槛模型的实证研究 [J]. 当代财经, 2016 (10): 45-59.

[228] 杨义武, 方大春. 金融集聚与产业结构变迁——来自长三角 16 个城市的经验研究 [J]. 金融经济学研究, 2013 (6): 55-65.

[229] 尹来盛, 冯邦彦. 金融集聚研究进展与展望 [J]. 人文地理, 2012 (1): 16-21.

[230] 余泳泽, 宣烨, 沈扬扬. 金融集聚对工业效率提升的空间外溢效应 [J]. 世界经济, 2013 (2): 93-116.

[231] 袁晓霞. 金融集聚问题研究 [D]. 厦门大学, 2008.

[232] 张浩然, 魏琳. 金融集聚与城市经济绩效: 基于城市异质性视角的分析 [J]. 当代财经, 2015 (10): 61-69.

[233] 张杰. 市场化与金融控制的两难困局: 解读新一轮国有银行改革的绩效 [J]. 管理世界, 2008 (11): 13-31.

[234] 张杰. 市场化与金融控制的两难困局: 解读新一轮国有银行改革的绩效 [J]. 管理世界, 2008 (11): 13-31.

[235] 张婧, 沈玉芳, 刘曙华等. 区域金融协调发展研究——基于长三角经济一体化的实证 [J]. 地域研究与开发, 2010, 29 (5): 33-38.

[236] 张明龙. 产业集群与区域发展研究 [M]. 北京: 中国经济出版社, 2008.

[237] 张清正. 异质性视角下中国金融业集聚及影响因素研究 [J]. 经济问题探索, 2015 (6): 162-169.

[238] 张晓燕. 金融产业集聚的衡量体系和实证分析——以环渤海经济圈为例 [J]. 东岳论丛, 2012 (2): 51-54.

[239] 张晓燕. 金融产业集聚及其对区域经济增长的影响研究 [D]. 山东大学, 2012.

[240] 张秀娟. 金融集聚对城乡收入差距的影响——基于省际面板数据的实证分析 [J]. 农业技术经济, 2015 (4).

［241］赵晓霞．金融集聚视角下的中国大城市经济增长方式探究［J］．管理世界，2014（5）：174－175.

［242］周凯，刘帅．金融资源集聚能否促进经济增长——基于中国31个省份规模以上工业企业数据的实证检验［J］．宏观经济研究，2013（11）：46－53.

［243］周立．金融发展促进经济增长的理论综述［J］．经济学动态，2003（9）：68－73.

［244］朱勇，吴易风．技术进步与经济的内生增长——新增长理论发展述评［J］．中国社会科学，1999（1）：21－39.

附　录

285 个地级城市名录

省、自治区、直辖市	城市
直辖市（4 个）	北京市、天津市、上海市、重庆市
河北省（11 个）	石家庄市、唐山市、邯郸市、张家口市、保定市、沧州市、秦皇岛市、邢台市、廊坊市、承德市、衡水市
山西省（11 个）	太原市、大同市、阳泉市、长治市、晋城市、朔州市、忻州市、晋中市、吕梁市、临汾市、运城市
内蒙古自治区（9 个）	呼伦贝尔市、通辽市、乌兰察布市（2003 年前为乌兰察布盟）、鄂尔多斯市、巴彦淖尔市、呼和浩特市、包头市、乌海市、赤峰市
辽宁省（14 个）	沈阳市、大连市、鞍山市、抚顺市、本溪市、丹东市、锦州市、营口市、阜新市、辽阳市、铁岭市、朝阳市、盘锦市、葫芦岛市
吉林省（8 个）	长春市、吉林市、四平市、辽源市、通化市、白山市、白城市、松原市
黑龙江省（12 个）	哈尔滨市、齐齐哈尔市、牡丹江市、佳木斯市、鸡西市、鹤岗市、双鸭山市、七台河市、黑河市、伊春市、大庆市、绥化市
江苏省（13 个）	南京市、无锡市、徐州市、常州市、苏州市、南通市、连云港市、淮安市、盐城市、扬州市、镇江市、泰州市、宿迁市
浙江省（11 个）	杭州市、嘉兴市、湖州市、舟山市、金华市、绍兴市、温州市、台州市、丽水市、衢州市、宁波市
安徽省（16 个）	宣城市、宿州市、滁州市、池州市、阜阳市、六安市、合肥市、蚌埠市、淮南市、铜陵市、马鞍山市、淮北市、芜湖市、安庆市、黄山市、亳州市
福建省（9 个）	福州市、三明市、南平市、宁德市、莆田市、泉州市、漳州市、龙岩市、厦门市

续表

省、自治区、直辖市	城市
江西省（11 个）	南昌市、景德镇市、萍乡市、九江市、新余市、鹰潭市、赣州市、宜春市、上饶市、吉安市、抚州市
山东省（17 个）	青岛市、济南市、淄博市、枣庄市、烟台市、潍坊市、济宁市、临沂市、泰安市、聊城市、菏泽市、德州市、滨州市、东营市、威海市、日照市、莱芜市
河南省（17 个）	郑州市、开封市、洛阳市、平顶山市、安阳市、濮阳市、新乡市、焦作市、鹤壁市、许昌市、漯河市、三门峡市、南阳市、商丘市、信阳市、周口市、驻马店市
湖北省（12 个）	武汉市、黄石市、十堰市、荆州市、宜昌市、襄阳市（2010 年前为襄樊市）、鄂州市、荆门市、孝感市、黄冈市、咸宁市、随州市
湖南省（13 个）	长沙市、株洲市、湘潭市、衡阳市、邵阳市、岳阳市、常德市、张家界市、益阳市、永州市、郴州市、娄底市、怀化市
广东省（21 个）	广州市、深圳市、珠海市、汕头市、佛山市、韶关市、河源市、梅州市、惠州市、汕尾市、东莞市、中山市、江门市、阳江市、湛江市、茂名市、肇庆市、清远市、潮州市、揭阳市、云浮市
广西壮族自治区（14 个）	南宁市、柳州市、桂林市、梧州市、北海市、防城港市、钦州、贵港市、玉林市、贺州市、百色市、河池市、来宾市、崇左市
海南省（2 个）	海口市、三亚市
四川省（18 个）	成都市、自贡市、攀枝花市、泸州市、德阳市、绵阳市、广元市、遂宁市、内江市、乐山市、南充市、宜宾市、广安市、达州市、资阳市、眉山市、巴中市、雅安市
贵州省（4 个）	贵阳市、六盘水市、遵义市、安顺市
云南省（8 个）	昆明市、昭通市、曲靖市、玉溪市、普洱市（2007 年前为思茅市、思茅地区）、保山市、丽江市、临沧市（2003 年前为临沧地区）
陕西省（10 个）	西安市、铜川市、咸阳市、渭南市、汉中市、安康市、商洛市、延安市、榆林市、宝鸡市
甘肃省（12 个）	兰州市、嘉峪关市、金昌市、白银市、天水市、酒泉市、张掖市、武威市、定西市、陇南市（2004 年前为陇南地区）、平凉市、庆阳市
青海省（1 个）	西宁市
宁夏回族自治区（5 个）	银川市、石嘴山市、吴忠市、固原市、中卫市
新疆维吾尔自治区（2 个）	乌鲁木齐市、克拉玛依市